AF537616

Grammatik kurz & bündig
CHINESISCH

Die beliebteste Nachschlagegrammatik

Mit Online-Übungen

von
Song, Jing

unter Mitarbeit von
Brigitte Koller

PONS
Grammatik kurz & bündig
CHINESISCH

Die beliebteste Nachschlagegrammatik
Mit Online-Übungen

von
Song, Jing

unter Mitarbeit von
Brigitte Koller

Dieses Werk ist inhaltlich identisch mit ISBN 978-3-12-562055-1.

Der digitale Zugang zu den online angebotenen Zusatzmaterialien ist für mindestens zwei Jahre nach Erscheinen der aktuellen Auflage gewährleistet.

3. Auflage 2025

© PONS Langenscheidt GmbH, Stöckachstraße 11, 70190 Stuttgart, 2022
www.pons.com/kontakt
Alle Rechte vorbehalten.

Redaktion: Brigitte Koller
Online-Übungen: Jie Tan Spada
Logoentwurf: Erwin Poell, Heidelberg
Logoüberarbeitung: Sabine Redlin, Ludwigsburg
Titelfoto: Mann: shutterstock/kimberrywood; Hand mit Kärtchen: Getty Images/Marat Musabirov
Layout: Petra Michel, Gestaltung & Typografie, Essen
Satz: Fotosatz Kaufmann, Stuttgart; Satzkasten, Stuttgart
Druck und Bindung: Multiprint Ltd., Kostinbrod

ISBN: 978-3-12-562446-7

关于这本书

Zu diesem Buch

Die PONS Grammatik kurz & bündig Chinesisch bietet Ihnen eine **übersichtliche Darstellung** der aktuellen chinesischen Sprache. Die **klar formulierten Regeln** werden durch **zahlreiche Beispielsätze** mit **Pinyin-Lautschrift** und deutscher Übersetzung veranschaulicht, so dass es Ihnen besonders leicht fällt, sie sich einzuprägen.

Im Anhang finden Sie außerdem ein **Stichwortverzeichnis**, mit dem Sie nach bestimmten Themen gezielt suchen können.

网上练习

Online-Übungen

Zu den wichtigsten Grammatikthemen dieses Buches finden Sie unter www.pons.de/grammatik **Online-Übungen**, mit denen Sie aktiv und sicher in der Sprache werden. Auf der Innenseite des vorderen Buchdeckels wird Ihnen Schritt für Schritt erklärt, wie Sie zum PONS-Grammatikportal gelangen und dieses kostenlose Angebot nutzen können.

Viel Spaß und Erfolg beim Chinesischlernen!

Inhalt

1

词类 cílèi – *Wortarten*

Im modernen Chinesisch werden folgende Wortarten unterschieden:

Wortarten			
Einteilung	**Chinesisch**	**Pīnyīn**	**Deutsch**
Begriffswort	实词	**shící**	
Substantiv	飞机，工人，太阳，社会，友谊	fēijī, gōngrén, tàiyáng, shèhuì, yǒuyì	*Flugzeug, Arbeiter:in, Sonne, Gesellschaft, Freundschaft*
Verb	看，听，想，应该，打算，喜欢，犹豫	kàn, tīng, xiǎng, yīnggāi, dǎsuàn, xǐhuan, yóuyù	*schauen, hören, denken, sollen, vorhaben, mögen, zögern*
Adjektiv	好，女，红，香，漂亮，忙，凉快	hǎo, nǚ, hóng, xiāng, piàoliang, máng, liángkuai	*gut, weiblich, rot, duftend, hübsch, beschäftigt, kühl*
Zahlwort	一，二，三，千，亿	yī, èr, sān, qiān, yì	*eins, zwei, drei, tausend, 100 Millionen*
Zähleinheitswort	本，个，张，杯，件，块，把，条	běn, gè, zhāng, bēi, jiàn, kuài, bǎ, tiáo	*(keine entsprechende Übersetzung)*
Adverb	很，太，非常，已经，不	hěn, tài, fēicháng, yǐjīng, bù	*sehr, zu, außerordentlich, schon, nicht*
Pronomen	我，她，你们，谁，什么，哪，这，几	wǒ, tā, nǐmen, shuí, shénme, nǎ, zhè, jǐ	*ich, sie, ihr, wer, was, welche, diese, wie viele*
Funktionswort	虚词	**xūcí**	
Präposition	对，从，给，在	duì, cóng, gěi, zài	*zu, von, für, in*
Konjunktion	和，跟，但是，或者，因为	hé, gēn, dànshì, huòzhě, yīnwèi	*und, mit, aber, oder, weil*
Partikel	的，地，得，了，呢，吗，着，过	de, de, de, le, ne, ma, zhe, guo	*(keine entsprechende Übersetzung)*
Interjektion	啊，哟，喂	ā, yō, wèi	*ah!, oh!, hallo!*
lautmalerisches Wort	哗啦，叮当	huālā, dīngdāng	*Blätterrauschen, Türklingelton*

Diese Wortarten werden in zwei Kategorien unterteilt: Diejenigen Wörter, die einen Sinn angeben (实词 shící), und Wörter, die eine grammatikalische Funktion haben (虚词 xūcí).

Es gibt Wörter, die grammatikalische Eigenschaften von zwei Wortarten besitzen.

他是一位导演。	Tā shì yī wèi dǎoyǎn.	*Er ist ein Regisseur.*
他导演了那场话剧。	Tā dǎoyǎnle nà chǎng huàjù.	*Er hat bei jenem Theaterstück Regie geführt.*

Im ersten Beispiel ist 导演 dǎoyǎn ein Substantiv, im zweiten Beispiel ist es ein Verb.

Ebenso können gewisse Wörter verschiedene Funktionen haben, je nachdem, wo sie im Satz stehen:

那位姑娘很漂亮。	Nà wèi gūniang hěn piàoliang.	*Jenes Mädchen ist sehr hübsch.*
她穿了一件很漂亮的外套。	Tā chuānle yī jiàn hěn piàoliang de wàitào.	*Sie hat einen schönen Mantel angezogen.*

Im ersten Beispiel wird 漂亮 piàoliang als Prädikat verwendet, im zweiten Beispiel als Attribut.

桌子上放着很多菜。	Zhuōzi shàng fàngzhe hěn duō cài.	*Auf dem Tisch sind viele Gerichte.*
快上课了。	Kuài shàng kè le.	*Der Unterricht beginnt bald.*

Im ersten Beispiel ist 上 shàng ein Positionswort, im zweiten Beispiel ist 上 shàng ein Verb.

Im Chinesischen hat jedes Schriftzeichen seine eigene Bedeutung. Die meisten chinesischen Wörter bestehen aus zwei Schriftzeichen. Der Kontext spielt eine wichtige Rolle für die Zuordnung der Wortart. Im Gegensatz zum Chinesischen sind im Deutschen zum Beispiel Substantive an der Großschreibung erkennbar. Im Chinesischen macht das Schriftzeichen die Wortkategorie nicht ersichtlich.

名词 míngcí – *Substantiv*

Einteilung und Funktionen der Substantive

Im Chinesischen werden Substantive weder nach Genus noch nach Numerus oder Kasus gekennzeichnet. Außerhalb des Kontexts ist die Bedeutung eines Substantivs unbestimmt. So kann 老师 lǎoshī im Deutschen *der/ein Lehrer, die/eine Lehrerin, die Lehrer/Lehrer, die Lehrerinnen/Lehrerinnen* bedeuten. Gleichzeitig kann es auch alle deklinierten Formen umfassen: *dem Lehrer, den Lehrern, des Lehrers* usw.

Nur im Kontext und durch die Stellung im Satz wird die Bedeutung eindeutig.

老师教了三篇课文。	Lǎoshī jiāole sān piān kèwén.	*Der Lehrer hat drei Lektionen unterrichtet.*
她给老师一本书。	Tā gěi lǎoshī yī běn shū.	*Sie gibt dem Lehrer ein Buch.*

Die Substantive werden von chinesischen Linguistik-Fachleuten in folgende Kategorien eingeteilt:

Substantiv			
Einteilung	**Chinesisch**	**Pīnyīn**	**Deutsch**
Konkretum	飞机	fēijī	*Flugzeug*
	父亲	fùqin	*Vater*
	报纸	bàozhǐ	*Zeitung*
Abstraktum	思想	sīxiǎng	*Ideologie*
	兴趣	xìngqù	*Interesse*
	友谊	yǒuyì	*Freundschaft*
Eigenname	德国	Déguó	*Deutschland*
	长城	Chángchéng	*die Große Mauer*
	地中海	Dìzhōnghǎi	*das Mittelmeer*
Zeit- und Ortssubstantiv	今年	jīnnián	*dieses Jahr*
	春天	chūntiān	*Frühling*
	周围	zhōuwéi	*Umgebung*
Positionssubstantiv	上	shàng	*auf, über*
	前	qián	*vor*
	中间	zhōngjiān	*Mitte, zwischen*

Im Chinesischen werden manche Substantive durch Suffixe erkennbar:

房子	fángzi	*Haus*
石头	shítou	*Stein*
读者	dúzhě	*Leser:in*
运动员	yùndòngyuán	*Sportler:in*
可能性	kěnéngxìng	*Möglichkeit*

Die Pluralform

Der Numerus wird nicht am Substantiv markiert.

Ausnahme: Mit dem Suffix 们 -men kann die Pluralform eines Substantivs, das eine Person bezeichnet, gebildet werden.

女士们	nǚshìmen	*Damen*
先生们	xiānshengmen	*Herren*

Wird bei Personen eine ungefähre oder genaue Anzahl angegeben, so kann 们 -men nicht verwendet werden:

很多同学	hěn duō tóngxué	*viele Mitschüler:innen*
五个孩子	wǔ ge háizi	*fünf Kinder*

Funktionen des Substantivs

Substantive können im Satz Subjekt, Objekt oder Attribut sein.

Als Subjekt

春天是旅游的好季节。	Chūntiān shì lǚyóu de hǎo jìjié.	*Der Frühling ist eine gute Jahreszeit zum Reisen.*
北京是中国的首都。	Běijīng shì Zhōngguó de shǒudū.	*Peking ist die Hauptstadt Chinas.*

Als Objekt

我们学习汉语。	Wǒmen xuéxí Hànyǔ.	*Wir lernen Chinesisch.*
我们参观博物馆。	Wǒmen cānguān bówùguǎn.	*Wir besuchen das Museum.*

Als Attribut

姐姐的信在这儿。	Jiějie de xìn zài zhèr.	*Der Brief der Schwester ist hier.*
这是中国画。	Zhè shì Zhōngguó huà.	*Dies ist ein chinesisches Bild. (wörtl.: ein China-Bild)*

Zeitsubstantiv

Zeitwörter werden im Chinesischen zu den Substantiven gezählt. Sie werden im Satz aber meist als Adverbiale der Zeit (siehe Kapitel 12) eingesetzt. Sie können auch als Prädikat auftauchen.

过去	guòqù	*früher*
现在	xiànzài	*jetzt*
将来	jiānglái	*künftig*
今年	jīnnián	*dieses Jahr*
昨天	zuótiān	*gestern (wörtl.: der gestrige Tag)*
春天	chūntiān	*Frühling*
早晨	zǎochén	*morgens, Morgen*
中午	zhōngwǔ	*mittags, Mittag*
下午	xiàwǔ	*nachmittags, Nachmittag*
晚上	wǎnshang	*abends, Abend*

Funktionen des Zeitsubstantivs

Zeitsubstantiv als Prädikat

今天星期三。	Jīntiān xīngqīsān.	*Heute ist Mittwoch.*

Zeitsubstantiv als Adverbial der Zeit

我明年去中国。	Wǒ míngnián qù Zhōngguó.	*Ich gehe nächstes Jahr nach China.*
他昨天离开了上海。	Tā zuótiān líkāile Shànghǎi.	*Er hat Shanghai gestern verlassen.*

Positionssubstantiv

Es werden einfache und zusammengesetzte Positionssubstantive unterschieden, wobei bei den zusammengesetzten Positionswörtern verständlich wird, warum sie im Chinesischen als Substantive wahrgenommen werden.

zusammengesetzte	上面	shàngmian	*oben, auf (wörtl.: die obere Seite)*
	前面	qiánmian	*vor, vorne (wörtl.: die vordere Seite)*
	东面	dōngmian	*östlich (wörtl.: die östliche Seite)*
	南面	nánmian	*südlich (wörtl.: die südliche Seite)*
	里面	lǐmian	*drinnen, innerhalb (wörtl.: die innere Seite)*
	左面	zuǒmian	*links (wörtl.: die linke Seite)*
	对面	duìmiàn	*gegenüber*
	中间	zhōngjiān	*Mitte, zwischen*
	旁边	pángbiān	*an der Seite, neben*
einfache	上	shàng	*auf, über*
	中	zhōng	*zwischen, inmitten*
	后	hòu	*hinter*
	左	zuǒ	*links*
	东	dōng	*östlich*
	南	nán	*südlich*
	里	li	*in, im*
	旁	páng	*neben, an*

Bei den zusammengesetzten Positionswörtern kann 面 miàn immer auch durch 边 biān (manchmal auch durch 头 tóu) ersetzt werden, mit Ausnahme von 旁边 pángbiān und 对面 duìmiàn.

Das Positionssubstantiv wird immer nachgestellt. D.h. diese Wörter sind „Postpositionen", im Deutschen werden sie aber als Präpositionen übersetzt:

桌上	zhuō shàng	*auf dem Tisch*
教室里	jiàoshì li	*im Unterrichtszimmer*
汽车里	qìchē li	*im Auto*
太阳下	tàiyáng xià	*unter der Sonne*

Nach Länder- bzw. Ortsnamen darf das Positionssubstantiv 里 li nicht verwendet werden. Stattdessen wird 在 zài verwendet, um die Bedeutung *in* zu vermitteln (zu 在 zài, siehe Kapitel 8).

前 qián, 后 hòu, 上 shàng, 下 xià können eine zeitliche und eine örtliche Bedeutung haben:

开学前	kāixué qián	*vor Schulbeginn*
银行前	yínháng qián	*vor der Bank*
圣诞节后	shèngdànjié hòu	*nach Weihnachten*
门后	mén hòu	*hinter der Tür*
大树下	dàshù xià	*unter dem großen Baum*
下半年	xià bànnián	*die zweite Hälfte des Jahres**
桥上	qiáo shàng	*auf der Brücke*
上周	shàng zhōu	*letzte Woche**

* Werden 上 shàng und 下 xià zeitlich verwendet, so stehen sie vor dem Wort, das sie bestimmen (attributiver Gebrauch).

Einfache Substantive der Position können nur mit einem vorangestellten Substantiv verwendet werden:

飞机上	fēijī shàng	*im Flugzeug*
花园中	huāyuán zhōng	*im Blumengarten*

Die zusammengesetzten Substantive der Position können allein als Ortsangaben, aber auch attributiv verwendet werden:

前面是火车站。	Qiánmian shì huǒchēzhàn.	*Vorne ist der Bahnhof.*
左边是卧室。	Zuǒbiān shì wòshì.	*Das Schlafzimmer ist links.*
南边的百货大楼是新建的。	Nánbiān de bǎihuòdàlóu shì xīnjiànde.	*Das Kaufhaus im Süden ist neu gebaut worden. (wörtl.: Das südliche Kaufhaus ...)*
中间的房间空着。	Zhōngjiān de fángjiān kòngzhe.	*Das Zimmer in der Mitte ist frei. (wörtl.: Das mittlere Zimmer ist frei.)*

动词 dòngcí – *Verb*

Mit den Verben wird gewöhnlich das Prädikat im Satz gebildet.

Transitives und intransitives Verb

Im Chinesischen lassen sich Verben in transitive und intransitive Verben einteilen. Die meisten Verben sind transitiv.

Intransitive Verben haben kein Objekt. Transitive Verben können ein oder zwei Objekte haben; oft können diese Verben im Chinesischen gar nicht ohne Objekt verwendet werden.

Im Gegensatz zum Deutschen gibt es im Chinesischen am Verb keinerlei Veränderung, weder in Bezug auf Tempus (Zeit), Genus (Geschlecht) noch Person (ich, du, er, sie es, wir ...) und Numerus (Einzahl und Mehrzahl). Das Verb bleibt in seiner Form immer gleich:

我爱你。	Wǒ ài nǐ.	*Ich liebe dich.*
他们爱我们。	Tāmen ài wǒmen.	*Sie lieben uns.*

Transitives Verb

他打篮球。	Tā dǎ lánqiú.	*Er spielt Basketball.*
他们学汉语。	Tāmen xué Hànyǔ.	*Sie lernen Chinesisch.*
我送他礼物。	Wǒ sòng tā lǐwù.	*Ich mache ihm ein Geschenk.*

Intransitives Verb

小王刚醒。	Xiǎo Wáng gāng xǐng.	*Der kleine Wang ist soeben aufgewacht.*
他很忙，没有时间休息。	Tā hěn máng, méi yǒu shíjiān xiūxi.	*Er ist sehr beschäftigt und hat keine Zeit auszuruhen.*

Verwendung der Aspektpartikeln 着 zhe, 了 le, 过 guo

Im Chinesischen gibt es kein Tempus (Zeitform). Jedoch wird durch das Hinzufügen von gewissen Partikeln der Aspekt einer Handlung ausgedrückt: Hat eine Handlung schon einmal stattgefunden? Ist die Handlung abgeschlossen? Dauert die Handlung noch an? (Siehe Kapitel 12)

Die meisten Verben können mit den Aspektpartikeln 着 zhe, 了 le und 过 guo vorkommen. Diese Partikeln stehen unmittelbar hinter dem Verb.

Andauernde Handlung

妹妹学着姐姐的样。	Mèimei xuézhe jiějie de yàng.	*Die jüngere Schwester ahmt die ältere Schwester nach.*
他看着火车开出站台。	Tā kànzhe huǒchē kāichū zhàntái.	*Er schaut, wie der Zug den Bahnsteig verlässt.*

Mit 着 zhe wird ausgedrückt, dass die Handlung andauert.

Abgeschlossene Handlung

昨天我看了这部电影。	Zuótiān wǒ kànle zhè bù diànyǐng.	*Gestern habe ich diesen Film angeschaut.*
几天前，我收到了他的来信。	Jǐ tiān qián, wǒ shōudàole tā de lái xìn.	*Vor einigen Tagen habe ich seinen Brief bekommen.*

Erlebte Handlung

我看过这本书。	Wǒ kànguo zhè běn shū.	*Ich habe dieses Buch gelesen.*
我去过意大利。	Wǒ qùguo Yìdàlì.	*Ich war schon mal in Italien.*

Mit einem ans Verb angehängten 过 guo wird ausgedrückt, dass etwas schon erfahren oder erlebt worden ist, d.h. dass man eine Erfahrung mindestens einmal schon gemacht hat.

Bildung des Fragesatzes

Im Chinesischen gibt es verschiedene Arten, einen Fragesatz zu bilden (siehe Kapitel 12). Eine Möglichkeit ist, durch die unmittelbar hintereinandergestellte bejahte und verneinte Form eines Verbs eine Wahlfrage (Ja-Nein-Frage) zu bilden:

Muster	Beispiel	Pīnyīn	Deutsch
A 不/没A	写没写	xiě méi xiě	*schreiben oder nicht (schreiben)*
AB 不/没AB	认识不认识	rènshi bù rènshi	*kennen oder nicht*

A bezeichnet ein einsilbiges Verb.
AB bezeichnet ein zweisilbiges Verb.

你看不看这本书?	Nǐ kàn bù kàn zhè běn shū?	*Liest du dieses Buch?*
你踢没踢足球?	Nǐ tī méi tī zúqiú?	*Hast du (schon) Fußball gespielt?*
这次你参加不参加比赛?	Zhè cì nǐ cānjiā bù cānjiā bǐsài?	*Wirst du dieses Mal am Wettbewerb teilnehmen?*

Verdoppelung des Verbs

Im Chinesischen können Verben verdoppelt werden, um auszudrücken, dass man eine Handlung nur kurz ausführt. Diese Verdoppelung wird vorwiegend in der gesprochenen Sprache verwendet.

Die Verdoppelung des einsilbigen Verbs wird nach der Form AA gebildet, wobei die zweite Silbe unbetont gesprochen wird:

写写	xiěxie	*schreiben*
说说	shuōshuo	*sprechen*

Die Verdoppelung des zweisilbigen Verbs wird nach der Form ABAB gebildet. In diesem Fall werden die zweite und die vierte Silbe unbetont gesprochen:

学习学习	xuéxi xuéxi	*(mal) lernen*
考虑考虑	kǎolü kǎolü	*(mal) überlegen*

Zwischen den Verdoppelungen kann 了 le stehen (A 了 le A oder AB 了 le AB), das die Handlung als abgeschlossen gekennzeichnet:

试了试	shìle shi	*ein bisschen versucht haben*
讨论了讨论	tǎolunle tǎolun	*ein bisschen diskutiert haben*

他回来了，我们去看看他。	Tā huíláile, wǒmen qù kànkan tā.	*Er ist zurückgekommen, wir besuchen ihn kurz.*
她试了试这件衣服。	Tā shìle shi zhè jiàn yīfu.	*Sie hat dieses Kleid mal anprobiert.*
这计划我们要研究研究。	Zhè jìhuà wǒmen yào yánjiu yánjiu.	*Diesen Plan werden wir mal prüfen.*

Bei der einsilbigen Verdoppelung kann 一 yi (A一A) eingeschoben werden. Durch dieses 一 yi *eins* wird ebenfalls die kurze Dauer der Handlung *mal*, *kurz* betont.

想一想	xiǎng yi xiang	*mal nachdenken*
看一看	kàn yi kan	*mal sehen*
讲一讲	jiǎng yi jiang	*mal sprechen*

Die Verdoppelung der Verben betont den informellen Charakter einer Handlung:

星期六，她买买菜，烧烧饭，洗洗衣服，整理整理房间。	Xīngqīliù, tā mǎimai cài, shāoshao fàn, xǐxi yīfu, zhěngli zhěngli fángjiān.	*Am Samstag geht sie einkaufen, kocht, wäscht die Wäsche und räumt die Zimmer auf.*

Oft wird die Verdoppelung im Imperativsatz benutzt. Wegen des informellen Charakters wird so eine Aufforderung höflich abgefedert:

你在这儿等一等，我马上就来！	Nǐ zài zhèr děng yi deng, wǒ mǎshàng jiù lái!	*Warte hier kurz, ich komme gleich!*
你帮我看一看，句子里有没有错！	Nǐ bāng wǒ kàn yi kan, jùzili yǒu méi yǒu cuò!	*Schau bitte mal für mich, ob es Fehler in diesem Satz gibt!*

Modalverb

Das Modalverb ist oft mit einem Verb, aber auch mit einem Adjektiv verbunden und steht dann immer vor diesem. Die Modalverben können aber auch allein vorkommen oder durch ein Objekt ergänzt werden.

Modalverb vor dem Verb

我会烧这道菜。	Wǒ huì shāo zhè dào cài.	*Ich kann dieses Gericht kochen.*

Modalverb vor dem Adjektiv

天该亮了。	Tiān gāi liàng le.	*Es sollte bald Tag werden.*
水可能热了。	Shuǐ kěnéng rè le.	*Das Wasser ist (jetzt) vielleicht heiß.*

Modalverb mit einem Objekt

我会汉语。	Wǒ huì Hànyǔ.	*Ich kann Chinesisch.*

Die Modalverben drücken Möglichkeit, Notwendigkeit, Willen sowie Wunsch aus. Sie werden sehr ähnlich wie im Deutschen verwendet.

Möglichkeit: 能 néng, 可以 kěyǐ, 会 huì

能 néng *können* im Sinne von *die Fähigkeit oder die Möglichkeit haben* – vgl. französisch „pouvoir"

会 huì *können* im Sinne von *etwas gelernt haben und deshalb können* – vgl. französisch „savoir"

可以 kěyǐ *können*, *dürfen*

他能完成任务。	Tā néng wánchéng rènwu.	*Er kann diese Aufgabe erledigen.*
人类可以访问月球了。	Rénlèi kěyǐ fǎngwèn yuèqiú le.	*Der Mensch kann zum Mond fliegen.*

他会说汉语。	Tā huì shuō Hànyǔ.	*Er kann Chinesisch sprechen.*

Notwendigkeit: 应该 yīnggāi *sollen,* 要 yào *wollen, sollen, dürfen, werden,* 必须 bìxū *müssen*

人们应该互相帮助。	Rénmen yīnggāi hùxiāng bāngzhù.	*Die Menschen sollten einander helfen.*
这项工作必须做。	Zhè xiàng gōngzuò bìxū zuò.	*Diese Arbeit muss gemacht werden.*

Wille und Wunsch: 愿意 yuànyì *wünschen, wollen,* 肯 kěn *einverstanden/bereit sein,* 想 xiǎng *möchten, wollen,* 敢 gǎn *wagen, sich trauen*

他愿意帮助她.	Tā yuànyì bāngzhù tā.	*Er möchte ihr helfen.*
他敢说敢做。	Tā gǎn shuō gǎn zuò.	*Er will/wagt das (zu) sagen und (zu) tun.*

Wie alle Verben können Modalverben im Chinesischen nicht verändert werden. Zudem werden sie nicht verdoppelt.

Man kann auch mehrere Modalverben nacheinander verwenden.

这篇课文他应该会读。	Zhè piān kèwén tā yīnggāi huì dú.	*Diesen Text sollte er lesen können.*

Verb der Richtung

Ein Verb der Richtung ist oft wie ein Modalverb mit einem zweiten Verb verbunden. Im Gegensatz zum Modalverb steht das Verb der Richtung hinter dem Verb oder Adjektiv als Ergänzung; es ist Teil des Prädikats im Satz. Man spricht auch von Richtungsergänzung.

Es gibt einsilbige Verben der Richtung und zweisilbige Verben der Richtung. Die folgende Tabelle zeigt die zweisilbigen Verben der Richtung an, die durch die Kombination mit einem einsilbigen Verb der Richtung aus der jeweiligen Spalte und Zeile gebildet worden sind.

Bildung des zweisilbigen Verbs der Richtung				
	来 lái		去 qù	
上 shàng	上来	*heraufkommen*	上去	*hinaufgehen*
下 xià	下来	*herunterkommen*	下去	*hinuntergehen*

进 jìn	进来	*hereinkommen*	进去	*hineingehen*
出 chū	出来	*herauskommen*	出去	*hinausgehen*
过 guò	过来	*herüberkommen*	过去	*hinübergehen*
回 huí	回来	*zurückkommen*	回去	*zurückgehen*
起 qǐ	起来	*hochkommen, sich erheben*		

Das Verb der Richtung kann allein als Prädikat im Satz fungieren.

太阳出来了。	Tàiyáng chūlai le.	*Die Sonne ist aufgegangen.*
孩子们都起来了。	Háizimen dǒu qǐlai le.	*Alle Kinder sind aufgestanden.*

Mit dem Verb der Richtung wird die Richtung einer Handlung (z.B. *herunter-*, *herauf-*, *hinein-*, *hinaus-*, *herein-* etc.) gekennzeichnet. Diese Verben werden unbetont gesprochen.

他从楼梯上走下来。	Tā cóng lóutīshàng zǒu xiàlai.	*Er kommt die Treppen herunter.*

Mit der Richtungsergänzung werden ebenfalls folgende Nuancen betont:

Beginn und Fortsetzung einer Handlung

他坐了下来。	Tā zuòle xiàlai.	*Er hat sich hingesetzt.*
他突然笑了起来。	Tā tūrán xiàole qǐlai.	*Er hat plötzlich gelacht.*

Dauer einer Handlung

他一直讲下去。	Tā yīzhí jiǎng xiàqu.	*Er spricht immer weiter.*
他不停地写下去。	Tā bù tíng de xiě xiàqu.	*Er schreibt ohne Pause weiter.*

Vollendung der Handlung

树叶长出来了。	Shùyè zhǎng chūlai le.	*Blätter sind gewachsen.*
雨停下来了。	Yǔ tíng xiàlai le.	*Es hat aufgehört zu regnen.*

Das Verb 是 shì

Das Verb 是 shì *sein* ist ein besonderes und häufig verwendetes Verb. Es wird zusammen mit dem nachgestellten Substantiv als Prädikat im Satz verwendet.

Im Satz mit 是 shì wird das Subjekt durch ein Prädikatsnomen bestimmt oder erklärt.

我是汉斯。	Wǒ shì Hànsī.	*Ich bin Hans.*
汉斯是我。	Hànsī shì wǒ.	*Hans bin ich.*
柏林是德国的首都。	Bōlín shì Déguó de shǒudū.	*Berlin ist die Hauptstadt Deutschlands.*
德国的首都是柏林。	Déguó de shǒudū shì Bōlín.	*Die Hauptstadt Deutschlands ist Berlin.*

Gleich wie im Deutschen wird in einem Satz mit 是 shì die Eigenschaft des Subjekts angegeben. Im Gegensatz zum Deutschen kann 是 shì jedoch nie mit einfachem Adjektiv verwendet werden.

我是德国人。	Wǒ shì Déguórén.	*Ich bin Deutsche.*
王先生是汉语老师。	Wáng xiānsheng shì Hànyǔ lǎoshī.	*Herr Wang ist Chinesischlehrer.*
这是绿茶，不是红茶。	Zhè shì lǜ chá, bù shì hóngchá.	*Das ist Grüntee, nicht Schwarztee.*

Das Verb 是 shì kann Existenz zum Ausdruck bringen.

楼的前面是一个游戏场。	Lóu de qiánmian shì yī ge yóuxìchǎng.	*Vor dem Hochhaus ist ein Spielplatz.*
火车站对面是一家旅馆.	Huǒchēzhàn duìmiàn shì yī jiā lǚguǎn.	*Gegenüber dem Bahnhof ist ein Hotel.*

Verneinung

Dem Verb 是 shì kann nur die Verneinung 不 bù vorangestellt werden. 没 méi ist nie die Verneinung des Verbs 是 shì.

她不是我妹妹。	Tā bù shì wǒ mèimei.	*Sie ist nicht meine jüngere Schwester.*
这不是我的钢笔。	Zhè bù shì wǒ de gāngbǐ.	*Das ist nicht mein Füller.*

是 shì zur Betonung

是 shì kann im Satz mit nachgestelltem Verb oder Adjektiv zur Betonung verwendet werden. In diesem Fall hat 是 shì eine Funktion eines Adverbs und wird betont ausgesprochen. Außer der Betonung ist die Bedeutung des Satzes mit oder ohne 是 shì gleich.

这件毛衣是漂亮。	Zhè jiàn máoyī shì piàoliang.	*Dieser Pullover ist wirklich schön.*
他是该起来了。	Tā shì gāi qǐlai le.	*Er sollte jetzt wirklich aufstehen.*

Bei der Verneinung dieser betonten Form wird 不 bù dem Verb 是 shì nachgestellt. Auch hier kann 没有 méiyǒu nicht verwendet werden.

这个东西是不便宜。	Zhè ge dōngxī shì bù piányì.	*Die Sache ist wirklich nicht billig.*

Weitere Verwendung des Verbs 是 shì

是 shì bildet mit einem Substantiv + 的 de, einem Verb + 的 de und einem Adjektiv + 的 de eine Satzkonstruktion, die zum Beispiel Zugehörigkeit, Eigenschaft des Materials und Klassifizierung kennzeichnen kann. Das Element zwischen 是 shì und 的 de wird durch diese Konstruktion speziell hervorgehoben.

是 shì mit einem Substantiv + 的 de

这份文件是公司的。	Zhè fèn wénjiàn shì gōngsī de.	*Das Dokument gehört der Firma.*

是 shì mit einem Verb + 的 de

这些书是借来的。	Zhè xiē shū shì jièlai de.	*Diese Bücher sind ausgeliehen worden.*

是 shì mit einem Adjektiv + 的 de

这杯咖啡是冷的。	Zhè bēi kāfēi shì lěng de.	*Diese Tasse Kaffee ist kalt.*

Das Verb 在 zài

Das Verb 在 zài drückt örtliches Sein und Existenz aus (im Deutschen *(irgendwo) sein, sich befinden*).

这个问题还在。	Zhè ge wèntí hái zài.	*Das Problem ist noch da.*

Wenn ein Substantiv, das eine Person oder eine Sache und nicht einen Ort kennzeichnet, mit 在 zài vorkommt, muss bei Sachen ein Positionssubstantiv und bei Personen 这儿 zhèr *hier* oder 那儿 nàr *dort* hinzugefügt werden.

他们在学校。	Tāmen zài xuéxiào.	*Sie sind in der Schule.*
钥匙在口袋里。	Yàoshi zài kǒudài li.	*Der Schlüssel ist in der Tasche.*
那本小说在我这儿。	Nà běn xiǎoshuō zài wǒ zhèr.	*Jener Roman ist bei mir.*

Verneinung

Die Verneinung erfolgt durch ein vorangestelltes 不 bù oder 没 méi.

经理没在公司。	Jīnglǐ méi zài gōngsī.	*Der/Die Geschäftsführer:in war nicht in der Firma.*

Wenn der Inhalt sich auf die Zukunft bezieht oder der Ort, wo etwas steht, nicht geändert werden kann, darf man nur die Verneinung 不 bù verwenden.

明天，经理不在公司。	Míngtiān, jīnglǐ bù zài gōngsī.	*Morgen wird der/die Geschäftsführer:in nicht in der Firma sein.*
银行不在这边。	Yínháng bù zài zhèbiān.	*Die Bank liegt nicht auf dieser Seite.*

Das Wort 在 zài kann auch als Präposition verwendet werden und entspricht im Deutschen den Präpositionen *an, in, bei* (siehe Kapitel 8).

Das Verb 有 yǒu

Das Verb 有 yǒu hat die Bedeutung *haben* zum Ausdruck von Besitz.

很多人都有手机。	Hěn duō rén dōu yǒu shǒujī.	*Viele Leute haben ein Handy.*
他有一个很好的计划。	Tā yǒu yī ge hěn hǎo de jìhuà.	*Er hat einen guten Plan.*

Wie das Verb 在 zài lässt sich durch das Verb 有 yǒu auch Vorhandensein ausdrücken. Die Bedeutung entspricht im Deutschen *es gibt, es hat.*

新课文里有很多生词。	Xīn kèwénli yǒu hěn duō shēngcí.	*Im neuen Text gibt es viele neue Vokabeln.*

Das dem Verb 有 yǒu nachgestellte Substantiv ist unbestimmt. Deshalb wird oft eine Anzahl angefügt.

每天有六节课。	Měi tiān yǒu liù jié kè.	*Jeden Tag gibt es sechs Stunden Unterricht.*

有 yǒu kann am Satzanfang stehen und bedeutet dann im Deutschen *es gibt, es hat* oder *es war einmal.*

有一次比赛他没有参加。	Yǒu yī cì bǐsài tā méi yǒu cānjiā.	*An einem Wettbewerb hat er nicht teilgenommen.*
有一天晚上突然下了一场大雪。	Yǒu yī tiān wǎnshang tūrán xiàle yī chǎng dàxuě.	*Eines Abends hat es plötzlich stark geschneit. (wörtl.: Es gab einen Abend…)*

Mit 有 yǒu lässt sich die Bedeutung von Einschätzung und Vergleich ausdrücken.

桥有两百米长。	Qiáo yǒu liǎngbǎi mǐ cháng.	*Die Brücke ist 200 Meter lang.*
女儿有妈妈高了。	Nǚ'ér yǒu māma gāo le.	*Die Tochter ist fast so groß wie die Mutter.*

Verneinung

Verneint wird 有 yǒu mit 没 méi, aber nie mit 不 bù.

我没有弟弟。	Wǒ méi yǒu dìdi.	*Ich habe keinen jüngeren Bruder.*
他没有电视机。	Tā méi yǒu diànshìjī.	*Er hat keinen Fernseher.*

形容词 xíngróngcí – *Adjektiv*

Mit den Adjektiven wird eine Eigenschaft angegeben.

冷	lěng	*kalt*	聪明	cōngmíng	*klug*
好	hǎo	*gut*	大方	dàfāng	*großzügig*
小	xiǎo	*klein*	笔直	bǐzhí	*schnurgerade*
长	cháng	*lang*	雪白	xuěbái	*schneeweiß*
快	kuài	*schnell*	流利	liúlì	*fließend*
慢	màn	*langsam*	高兴	gāoxìng	*fröhlich*

Ein Adverb des Grades vor einem Adjektiv verstärkt die Bedeutung des Adjektivs.

非常聪明	fēicháng cōngmíng	*außerordentlich klug*
特别高兴	tèbié gāoxìng	*besonders fröhlich*
十分流利	shífēn liúlì	*ganz fließend*
很热情	hěn rèqíng	*sehr herzlich*
极清楚	jí qīngchu	*extrem deutlich*

她是一个非常聪明的孩子。	Tā shì yī ge fēicháng cōngmíng de háizi.	*Sie ist ein sehr kluges Kind.*
他很热情。	Tā hěn rèqíng.	*Er ist sehr herzlich.*

Es gibt aber auch Adjektive, bei denen es keinen höheren Grad gibt wie zum Beispiel:

笔直	bǐzhí	*schnurgerade*	冰冷	bīnglěng	*eiskalt*
雪白	xuěbái	*schneeweiß*	碧绿	bìlǜ	*sattes Grün*

森林里一片漆黑。	Sēnlínli yī piàn qīhēi.	*Im Wald ist es stockdunkel.*
他躺在碧绿的草坪上。	Tā tǎng zài bìlǜ de cǎopíngshang.	*Er liegt auf einer grünen Wiese (sattes Grün).*

Verdoppelung des Adjektivs

Im Chinesischen kann ein Teil der Adjektive verdoppelt werden. Ihre Bedeutung erfährt dadurch eine Verstärkung. Vor einem verdoppelten Adjektiv kann kein Adverb stehen. Die Verdoppelung des einsilbigen Adjektivs wird nach der Form AA gebildet.

甜甜（的）	tiántián(de)	*süß*
长长（的）	chángcháng(de)	*lang*
香香（的）	xiāngxiāng(de)	*duftig*

这种月饼甜甜的，很好吃。	Zhè zhǒng yuèbǐng tiántián de, hěn hǎochī.	*Dieser Mondkuchen ist süß und schmeckt gut.*

Die Verdoppelung des zweisilbigen Adjektivs wird nach der Form AABB gebildet.

明明白白	míngmíng-báibái	*klar, deutlich*
简简单单	jiǎnjiǎn-dāndān	*einfach*
干干净净	gāngān-jìngjìng	*sauber*

他的方法简简单单。	Tā de fāngfǎ jiǎnjiǎn-dāndān.	*Seine Methode ist einfach.*

Seltener kann die Verdoppelung des zweisilbigen Adjektivs nach der Form ABAB gebildet werden und drückt dann ebenfalls eine Verstärkung aus.

碧绿碧绿	bìlǜ bìlǜ	*sattes Grün*
雪白雪白	xuěbái xuěbái	*schneeweiß*
笔直笔直	bǐzhí bǐzhí	*schnurgerade*

这段高速公路笔直笔直。	Zhè duàn gāosùgōnglù bǐzhí bǐzhí.	*Diese Autobahn ist schnurgerade.*

Bei einigen wenigen Adjektiven, die eine negative Bedeutung ausdrücken, kann die Verdoppelung durch die Form A 里 li AB erfolgen.

肮里肮脏	āngli'āngzāng	*schmutzig*
糊里糊涂	húlihútu	*verwirrt*

这是一条肮里肮脏的河流。	Zhè shì yī tiáo āngli'āngzāng de héliú.	*Das ist ein schmutziger Fluss.*

Steigerung des Adjektivs

Im Chinesischen wird die Steigerung des Adjektivs durch Voranstellen von bestimmten Adverbien gekennzeichnet.

Der Komparativ wird mit 更 gèng *mehr* gebildet:

更好	gèng hǎo	*besser*

Die Bildung des Superlativs erfolgt durch das Adverb 最 zuì:

最快	zuì kuài	*am schnellsten*
最好	zuì hǎo	*am besten*

Die mit dem Adverb gebildete Steigerungsform kann sowohl als Prädikat als auch als Attribut in einem Satz verwendet werden.

als Prädikat:

前天更冷。	Qiántiān gèng lěng.	*Vorgestern war es kälter.*
四个班级中，我们班级的人最多。	Sì ge bānjí zhōng, wǒmen bānjí de rén zuì duō.	*Von vier Klassen ist unsere die größte.*

als Attribut:

这是一家最好的旅馆。	Zhè shì yī jiā zuì hǎo de lǚguǎn.	*Das ist das beste Hotel.*

Die Verwendungen des Adjektivs

Das Adjektiv wird als Prädikat, Attribut und als Adverbial verwendet. Die Anwendung wird durch die Stellung des Adjektivs im Satz sowie durch Partikeln bestimmt. Steht ein Adjektiv z.B. nach einem Substantiv, so hat es prädikative, steht es vor einem Substantiv, so hat es attributive Funktion.

Adjektiv als Prädikat

Im Chinesischen kann das Adjektiv als Prädikat im Satz fungieren. Im Deutschen muss in diesen Sätzen das Verb *sein* mit dem Adjektiv stehen.

这张照片很珍贵。	Zhè zhāng zhàopiàn hěn zhēnguì.	*Dieses Photo ist sehr wertvoll.*
米勒先生很忙。	Mǐlè xiānsheng hěn máng.	*Herr Müller ist beschäftigt.*
她的鞋子很时新。	Tā de xiézi hěn shíxīn.	*Ihre Schuhe sind modisch.*
森林里的空气很新鲜。	Sēnlín li de kōngqì hěn xīnxiān.	*Die Luft im Wald ist sehr frisch.*
四川菜很辣。	Sìchuān cài hěn là.	*Die Sichuaner Küche ist sehr scharf.*

Im Allgemeinen erfolgt die Verneinung des prädikativen Adjektivs durch vorangestelltes 不 bù.

他办事不公平。	Tā bàn shì bù gōngpíng.	*Er handelt ungerecht.*
这间房间不干净。	Zhè jiān fángjiān bù gānjìng.	*Das Zimmer ist nicht sauber.*

Adjektiv als Attribut

Tritt ein zweisilbiges Adjektiv als Attribut eines Substantivs auf, so muss die Attributpartikel 的 de zwischen dem Adjektiv und dem Substantiv verwendet werden (siehe Kapitel 10).

她有一个幸福的家。	Tā yǒu yī ge xìngfú de jiā.	*Sie hat eine glückliche Familie.*
这是一个美丽的城市。	Zhè shì yī ge měilì de chéngshì.	*Das ist eine schöne Stadt.*
我们看了一场精彩的足球赛。	Wǒmen kànle yī chǎng jīngcǎi de zúqiúsài.	*Wir haben ein ausgezeichnetes Fußballspiel angeschaut.*

Bei wenigen zweisilbigen Adjektiven wird die Partikel 的 de weggelassen. Diese Wörter werden als lexikalische Einheiten wahrgenommen.

优秀作品	yōuxiù zuòpǐn	*hervorragende Werke*
基本词汇	jīběn cíhuì	*Grundwortschatz*
著名科学家	zhùmíng kēxuéjiā	*berühmte Wissenschaftler*
先进技术	xiānjìn jìshù	*fortgeschrittene Techniken*

他发表了许多优秀作品。	Tā fābiǎole xǔduō yōuxiù zuòpǐn.	*Er hat viele hervorragende Werke veröffentlicht.*
公司采用了许多先进技术。	Gōngsī cǎiyòngle xǔduō xiānjìn jìshù.	*Die Firma hat viele fortschrittliche Techniken verwendet.*

Einsilbige Adjektive brauchen kein 的 de.

桌上放着热饭和热菜。	Zhuōshang fàngzhe rè fàn he rè cài.	*Auf dem Tisch stehen warmer Reis und warme Gerichte.*
他是一个好孩子。	Tā shì yī ge hǎo háizi.	*Er ist ein gutes Kind.*
他托运了一个大箱子。	Tā tuōyùnle yī ge dà xiāngzi.	*Er hat einen großen Koffer aufgegeben.*

Achtung: Bei manchen Verbindungen verlieren die Adjektive die ursprüngliche Bedeutung.

小心	xiǎoxīn	*vorsichtig (wörtl.: kleines Herz)*
香烟	xiāngyān	*Zigarette (wörtl.: duftender Rauch)*

Adjektiv als Adverbial

Nur einige einsilbige Adjektive können als Adverbiale verwendet werden. Diese stehen vor dem Verb. In diesem Fall wird kein 地 de vor dem Verb benutzt (siehe Kapitel 10).

多	duō	*viel*	大	dà	*groß*
轻	qīng	*leicht*	小	xiǎo	*klein*
新	xīn	*neu*	早	zǎo	*früh*

我早来了半个小时。	Wǒ zǎo láile bàn ge xiǎoshí.	*Ich bin eine Stunde zu früh gekommen.*
他多跑了一圈。	Tā duō pǎole yī quān.	*Er ist eine Runde mehr gelaufen.*

Wird ein einsilbiges Adjektiv mit einem Adverb des Grades oder wird es verdoppelt verwendet, muss die Partikel 地 de folgen (siehe Kapitel 10).

很快地写	hěn kuài de xiě	*schnell schreiben*
慢慢地来	mànman de lái	*langsam kommen*

她很快地写。	Tā hěn kuài de xiě.	*Sie schreibt ganz schnell.*
他深深地吸了一口气。	Tā shěnshěn de xīle yī kǒu qì.	*Er hat tief eingeatmet.*

Bei zweisilbigen Adjektiven als Adverbial wird die Partikel 地 de zwischen Adjektiv und Verb gestellt.

火车准时地到达北京火车站。	Huǒchē zhǔnshí de dàodá Běijīng huǒchēzhàn.	*Der Zug ist pünktlich auf dem Pekinger Bahnhof angekommen.*
他努力地学习。	Tā nǔlì de xuéxí.	*Er lernt fleißig.*
他们热情地接待了德国代表团。	Tāmen rèqíng de jiēdàile Déguó dàibiǎotuán.	*Sie haben die deutsche Delegation herzlich empfangen.*
我们愉快地度过了这个春节。	Wǒmen yǔkuài de dùguòle zhège chūnjié.	*Wir haben das Frühlingsfest fröhlich verbracht.*

Adjektiv als Ergänzung

Wenn Adjektive im Satz als Ergänzung fungieren, stehen die Partikel 得 de und das Adverb 很 hěn vor dem Adjektiv (siehe Kapitel 10).

他中文说得很流利。	Tā Zhōngwén shuō de hěn liúlì.	*Er spricht fließend Chinesisch.*
她穿得很漂亮。	Tā chuān de hěn piàoliang.	*Sie hat sich sehr schön angezogen.*
她想得很周到。	Tā xiǎng de hěn zhōudào.	*Sie hat alles berücksichtigt.*

Bildung des Fragesatzes

Beim prädikativen Gebrauch des Adjektivs kann wie beim Verb die bejahte und verneinte Form des Adjektivs nacheinander verwendet werden, um eine Wahlfrage zu bilden.

Muster	Beispiel	Pīnyīn	Deutsch
A不A	快不快	kuài bù kuài	*schnell oder nicht?*
AB不AB	清楚不清楚	qīngchu bù qīngchu	*deutlich oder nicht?*
A不AB	合不合适	hé bù héshì	*passend oder nicht?*

A bezeichnet ein einsilbiges Adjektiv.
AB bezeichnet ein zweisilbiges Adjektiv.

他高不高？	Tā gāo bù gāo?	*Ist er groß?*
那里的天气暖和不暖和？	Nàli de tiānqì nuǎnhuo bù nuǎnhuo?	*Ist das Wetter dort warm?*
安娜的工作紧不紧张？	Ānnà de gōngzuò jǐn bù jǐnzhāng?	*Ist Annas Arbeit anstrengend?*

Nicht-prädikatives Adjektiv

Ein Teil der Adjektive kann nicht als Prädikat verwendet werden. Sie werden nicht-prädikative Adjektive genannt. Die Verneinung erfolgt im Allgemeinen durch 非 fēi.

Chinesisch		Pīnyīn		Deutsch	
非	袖珍	fēi	xiùzhēn	*nicht*	*klein und handlich*
非	个别	fēi	gèbié	*nicht*	*einzeln*
非	万能	fēi	wànnéng	*nicht*	*universal*
非	共同	fēi	gòngtóng	*nicht*	*gemeinsam*

Nicht-prädikative Adjektive können Substantive modifizieren, wobei kein 的 de gebraucht wird.

高档商品	gāodàng shāngpǐn	*teure Qualitätsware*
西式点心	Xīshì diǎnxīn	*Gebäck nach westlicher Art*

5 数量词 shùliàngcí – *Zahlwort und Zähleinheitswort*

Mit dem Zahlwort werden Menge und Reihenfolge von Personen oder Dingen angegeben. Mit dem so genannten Zähleinheitswort (abgekürzt ZEW) werden Personen, Sachen oder eine Handlung zählbar gemacht.

Bestimmte Zahl

Die bestimmten Zahlen umfassen Kardinalzahlen, Ordinalzahlen, Bruchzahlen, Dezimalzahlen und Vervielfältigungszahlen.

Kardinalzahl

Die Grundzahlen von 0 bis 10 sind:

Chinesisch	Pīnyīn	Deutsch
零/0	líng	*null*
一	yī	*eins*
二	èr	*zwei*
三	sān	*drei*
四	sì	*vier*
五	wǔ	*fünf*
六	liù	*sechs*
七	qī	*sieben*
八	bā	*acht*
九	jiǔ	*neun*
十	shí	*zehn*

Stellenwerte

Chinesisch	Pīnyīn	Deutsch
十	shí	*zehn*
百	bǎi	*hundert*
千	qiān	*tausend*
万	wàn	*zehntausend*
十万	shíwàn	*hunderttausend*
百万	bǎiwàn	*Million*
千万	qiānwàn	*zehn Millionen*
亿	yì	*hundert Millionen*

Zahlbildung

Steht eine Ziffer (Zahl von 1 bis 9) vor einem Stellenwert wird sie mit dem Stellenwert multipliziert. Steht eine Ziffer nach einem Stellenwert wird sie addiert:

	十 shí		百 bǎi		千 qiān	
一 yī	十	*zehn*	一百	*hundert*	一千	*tausend*
二 èr	二十	*zwanzig*	二百	*zweihundert*	二千	*zweitausend*
三 sān	三十	*dreißig*	三百	*dreihundert*	三千	*dreitausend*
…	…	…	…	…	…	…
九 jiǔ	九十	*neunzig*	九百	*neunhundert*	九千	*neuntausend*

三十五	sānshíwǔ	*fünfunddreißig* (3 x 10 + 5 = 35)
一千零一	yīqiān líng yī	*tausendundeins* (1 x 1'000 + 1 = 1'001)
五万六千	wǔwàn liùqiān	*sechsundfünfzigtausend* (5 x 10'000 + 6 x 1'000 = 56'000)
五千万	wǔqiānwàn	*fünfzig Millionen* (5 x 1'000 x 10'000 = 50'000'000)

Achtung: Eine mehrstellige Zahl wird immer von dem größten Stellenwert zum kleinsten Stellenwert gelesen.

Bei einer mehrstelligen Zahl mit einer oder mehreren aufeinander folgenden Nullen wird 0 líng *Null* nur einmal ausgesprochen, während im Deutschen *Null* nicht ausgesprochen wird.

8006	bāqiān líng liù	*achttausendundsechs*

Bei Telefonnummern, Bezeichnungen für Buslinien, Zimmernummern sowie bei Jahreszahlen werden die Ziffern einzeln ausgesprochen, wenn die Zahl mehr als zweistellig ist. Bei solchen Zahlen werden immer die arabischen Ziffern verwendet.

Telefonnummer:

584512	wǔ bā sì wǔ yāo èr	*achtundfünfzig fünfundvierzig zwölf*

Zimmernummer:

314	sān yāo sì	*dreihundertvierzehn*

Achtung: In diesen Fällen pflegt man 1 yāo statt yī zu lesen (vgl. deutsch „zwo“ für „zwei“) aus Gründen der eindeutigen Verständlichkeit.

Verwendung der Kardinalzahl im Satz

Im Chinesischen kann ein Zahlwort ohne das Verb *sein* (是 shì) im Satz als Prädikat gebraucht werden, während man im Deutschen das Verb *sein* benutzen muss.

他十八(岁)了。	Tā shíbā (suì) le.	*Er ist achtzehn Jahre alt.*

Die Frage nach einer Anzahl wird mit den Fragewörtern 几 jǐ *wie viel/e?* und 多少 duōshǎo *wie viel/e?* gebildet. Braucht der/die Fragende 几 jǐ, so wird eine kleine Menge (bis ca. ein Dutzend) erwartet, während beim Gebrauch von 多少 duōshǎo eine größere Menge erwartet wird.

现在几点钟了？	Xiànzài jǐ diǎn zhōng le?	*Wie viel Uhr ist es jetzt?*
你们班有多少学生？	Nǐmen bān yǒu duōshǎo xuésheng?	*Wie viele Schüler:innen gibt es in eurer Klasse?*

Bruchzahl und Prozent

Im Chinesischen wird die Bruchzahl mit der Form „x (分母 fēnmǔ *Nenner*) 分之 y (分子 fēnzi *Zähler*)“ angegeben, wörtlich „*y Teile von x*“:

四分之三	sìfēn zhī sān	*dreiviertel*

Der Prozentanteil wird auch auf diese Weise wiedergegeben:

百分之五	bǎifēn zhī wǔ	*fünf Prozent (5%)*

Dezimalzahl

Eine Dezimalzahl wird mit 点 diǎn *Punkt* „.“(im Deutschen „,“) ausgedrückt und normalerweise in arabischen Ziffern geschrieben. Wie im Deutschen werden die Ziffern vor dem Punkt als Zahl ausgesprochen, während die Ziffern nach dem Punkt einzeln ausgesprochen werden.

8.5	bā diǎn wǔ	*acht Komma fünf (8,5)*
21.608	èrshíyī diǎn liù líng bā	*einundzwanzig Komma sechs null acht (21,608)*

Vervielfältigungszahl

Eine chinesische Vervielfältigungszahl wird durch eine Grundzahl mit dem nachgestellten Zähleinheitswort 倍 bèi *-fach* gebildet.

五倍	wǔbèi	*fünffach, fünfmal*

Achtung: Mit „是 shi ... X 倍 bèi" gibt man das Ergebnis wieder, das die Ausgangszahl schon enthält, während mit „增加了 zēngjiāle ... X 倍 bèi" das Ergebnis wiedergegeben wird, das die Ausgangszahl nicht enthält.

原来有三本书。又买了九本书。是原来的四倍。增加了三倍。	Yuánlái yǒu sān běn shū. Yòu mǎile jiǔ běn shū. Shì yuánlái de sìbèi. Zēngjiāle sānbèi.	*Ursprünglich gab es drei Bücher. Neun Bücher wurden dazugekauft. Das sind viermal so viel wie vorher. Der Bestand hat sich um das Dreifache vermehrt.*

Ordinalzahl

Die chinesischen Ordnungszahlen werden mit 第 dì gebildet:

第一	dì-yī	*der (die, das) erste*
第二	dì-èr	*der (die, das) zweite*

第一节课是英语课。	Dì-yī jié kè shì Yīngyǔ kè.	*Die erste Stunde ist Englisch.*

Es gibt Fälle, in denen 第 dì nicht verwendet wird.

三月一日	sānyuè yīrì	*der erste März*
三月二日	sānyuè èrrì	*der zweite März*

二姐	èrjiě	*die zweitälteste Schwester*
三姐	sānjiě	*die drittälteste Schwester*

Die Verwendung von 二 èr und 两 liǎng

Für die Zahl *zwei* gibt es zwei verschiedene Ausdrücke, nämlich 二 èr und 两 liǎng.

Gewöhnlich wird 二 èr alleinstehend verwendet. Auch bei den Ordnungszahlen und bei mehrstelligen Zahlen wird immer 二 èr verwendet.

第二个人	dì-èr ge rén	*der zweite Mann*
二十二个小时	èrshíèr ge xiǎoshí	*zweiundzwanzig Stunden*

Ist die Rede aber von zwei Substantiven, so wird immer 两 liǎng verwendet (siehe Zähleinheitswort).

两本书	liǎng běn shū	*zwei Bücher*

In der zweistelligen Zahl 20 muss 二 èr vor 十 shí stehen. Vor den anderen Stellenwert (百 bǎi *hundert*, 千 qiān *tausend*, 万 wàn *zehntausend*, 亿 yì *eine Million*) kann sowohl 二 èr als auch 两 liǎng benutzt werden. Das gilt auch bei Maßen und Gewichten.

二万	èrwàn	*zwanzigtausend*
两万	liǎngwàn	*zwanzigtausend*
二米	èr mǐ	*zwei Meter*
两米	liǎng mǐ	*zwei Meter*

Unbestimmte Zahl

Es gibt im Chinesischen verschiedene Möglichkeiten, um eine unbestimmte Zahl zum Ausdruck zu bringen.

Mit zwei aufeinanderfolgenden Zahlwörtern kann eine ungefähre Zahl ausgedrückt werden:

三四个人	sān-sì ge rén	*drei, vier Leute*
三五天	sān-wǔ tiān	*drei bis fünf Tage*

Folgende Begriffe werden ebenfalls benutzt, um eine unbestimmte oder ungefähre Menge auszudrücken:

二十来本书	èrshí lái běn shū	*ungefähr zwanzig Bücher*
三点钟左右	sān diǎn zhōng zuǒyòu	*ungefähr drei Uhr*
六十岁上下	liùshí suì shàngxià	*ungefähr sechzig Jahre alt*
五十以上	wǔshí yǐshàng	*über fünfzig*
三十多个学生	sānshí duō ge xuésheng	*mehr als dreißig Schüler:innen*
好几个朋友	hǎo jǐ ge péngyou	*mehrere Freunde/Freundinnen*
约一斤苹果	yuē yī jīn píngguǒ	*etwa ein Pfund Äpfel*
近五十个人	jìn wǔshí ge rén	*beinahe fünfzig Personen*
若干年	ruògān nián	*einige Jahre*
许多工作	xǔduō gōngzuò	*viel Arbeit*
少数人	shǎoshù rén	*wenige Leute*

Außerdem kann 几 jǐ *einige/ein paar* bei unbestimmten Zahlen unter zehn benutzt werden.

他借了几本书。	Tā jièle jǐ běn shū.	*Er hat ein paar Bücher ausgeliehen.*

Substantiv-Zähleinheitswort

Im Chinesischen haben die Substantive bis auf wenige Ausnahmen keine Pluralform. Sie werden außerhalb des Kontexts als undefinierte Mengen wahrgenommen. Es müssen deshalb wie im Deutschen die unzählbaren Substantive (z.B. Flüssigkeiten) durch ein Einheitswort zählbar gemacht werden (vgl. deutsch: „eine Flasche Wasser", „ein Körnchen Sand" – man kann nicht sagen „ein Sand"). Ein Zahlwort sowie die Demonstrativpronomen 这 zhè *diese/r/s*, 那 nà *jene/r/s* und das Interrogativpronomen 哪 nǎ *welche/r/s* können in der Regel nicht direkt vor einem Substantiv stehen. Dazwischen muss ein Zähleinheitswort (ZEW) eingefügt werden.

Einige ZEW haben im Deutschen Entsprechungen:

六瓶啤酒	liù píng píjiǔ	*sechs Flaschen Bier*
一块蛋糕	yī kuài dàngāo	*ein Stück Kuchen*

Bei den meisten ZEW findet man jedoch keine deutsche Entsprechung:

一张桌子	yī zhāng zhuōzi	*ein Tisch*
五本书	wǔ běn shū	*fünf Bücher*
一匹马	yī pī mǎ	*ein Pferd*

Die Wahl des ZEW wird vom jeweiligen Substantiv bestimmt. In den meisten Fällen haben ZEW und Substantiv hinsichtlich der Bedeutung einen Zusammenhang (siehe Anhang).

本 běn für Gebundenes wie Bücher, Zeitschriften usw.:

一本汉语词典	yī běn Hànyǔ cídiǎn	*ein chinesisches Wörterbuch*

棵 kē für Pflanzen wie Baum usw.:

一棵树	yī kē shù	*ein Baum*

条 tiáo für längliche Dinge wie Hose, Fisch, Schal usw.:

一条河	yī tiáo hé	*ein Fluss*

张 zhāng für flache, viereckige Gegenstände wie Zeitung, Bett, Bild usw.:

一张电影票	yī zhāng diànyǐngpiào	*eine Kinokarte*

个 gè ist das am häufigsten verwendete ZEW und kann mit vielen Substantiven gebraucht werden. In der modernen Umgangssprache ist eine vereinfachende Tendenz zur vermehrten Verwendung von 个 gè auszumachen. 个 gè wird unbetont ausgesprochen:

八个人	bā ge rén	*acht Personen*
一个想法	yī ge xiǎngfǎ	*eine Idee*
两个星期	liǎng ge xīngqī	*zwei Wochen*
一个故事	yī ge gùshì	*eine Geschichte*

Anmerkung:

三个老师	sān ge lǎoshī	*drei Lehrer:innen*
三位老师	sān wèi lǎoshī	*drei Lehrer:innen*

Der zweite Satz ist durch die Verwendung des ZEW 位 wèi für die Person höflicher als der erste Satz.

Das ZEW 些 xiē gibt eine unbestimmte Menge an. Es steht vor einem Substantiv und nach 一 yī.

Anmerkung: 一 yī kann nach den Demonstrativpronomen 这 zhè und 那 nà und nach dem Interrogativpronomen 哪 nǎ weglassen werden.

一些国家	yīxiē guójiā	*einige Staaten*
这(一)些杂志	zhè (yī)xiē zázhì	*diese Zeitschriften*
哪(一)些朋友?	nǎ (yī)xiē péngyou?	*welche Freunde/Freundinnen?*

Mit dem Ausdruck 一点儿 yīdiǎnr *ein bisschen* wird eine unbestimmte, geringe Menge angezeigt.

他一点儿消息也没听到。	Tā yīdiǎnr xiāoxi yě méi tīngdào.	*Er hat nicht die geringste Nachricht gehört.*

Anmerkung: Das Adverb 有点儿 yǒudiǎnr *ein bisschen* und die Zahl-ZEW-Verbindung 一点儿 yīdiǎnr *ein bisschen* haben fast die gleiche Bedeutung. 有点儿 yǒudiǎnr steht aber vor dem prädikativen Adjektiv, während 一点儿 yīdiǎnr nach dem prädikativen Adjektiv oder vor dem Substantiv steht.

这个东西有点儿贵。	Zhè ge dōngxī yǒudiǎnr guì.	*Diese Sache ist ein bisschen teuer.*
这个东西贵了(一)点儿。	Zhè ge dōngxī guì le (yī)diǎnr.	*Diese Sache ist ein bisschen teuer.*
他一点儿功课也没有。	Tā yīdiǎnr gōngkè yě méi yǒu.	*Er hat gar keine Hausaufgaben.*

Verdoppelung

Das Zahlwort 一 yī kann verdoppelt werden und hat die Bedeutung *einer nach dem anderen*.

他向大家一一告别。	Tā xiàng dàjiā yīyī gàobié.	*Er hat sich von jedem einzeln verabschiedet.*

In der Regel kann ein einsilbiges ZEW verdoppelt werden. Die Verdoppelung erfolgt nach der Form ABB (A: 一 yī, B: ZEW) und ermittelt die Bedeutung von einer Menge, Abfolge, Reihe u.a.

一棵棵树	yī kēkē shù	*ein Baum neben dem anderen*
一排排椅子	yī páipái yǐzi	*eine Reihe Stühle nach der anderen*

Die Kombination von Zahlwort und ZEW kann nach der Form ABAB verdoppelt werden (A: 一 yī, B: ZEW).

一辆一辆车	yī liǎng yī liǎng chē	*eine Reihe Autos*
一块一块面包	yī kuài yī kuài miànbāo	*Brot Stück für Stück*

Verbal-Zähleinheitswort

Mit dem Substantiv-Zähleinheitswort wird die Menge eines Substantivs ausgedrückt. Das Verbal-Zähleinheitswort bringt zum Ausdruck, wie oft eine Handlung ausgeführt wird. Es entspricht im Deutschen *-mal*. Das Verbal-Zähleinheitswort steht nach dem Verb. Im Satz fungiert es als Ergänzung.

这篇课文我已经读过三遍了。	Zhè piān kèwén wǒ yǐjīng dúguo sān biàn le.	*Diesen Text habe ich schon dreimal gelesen.*
他去了一趟北京。	Tā qùle yī tàng Běijīng.	*Er ist einmal nach Peking gefahren.*

Es gibt Verbal-Zähleinheitswörter, die aus Substantiven abgeleitet sind und z.B. Körperteile oder Werkzeuge bezeichnen.

看了一眼	kànle yī yǎn	*einen Blick zugeworfen haben*
打了一针	dǎle yī zhēn	*eine Spritze bekommen haben*

Verdoppelung

Wie das Substantiv-Zähleinheitswort kann das Verbal-Zähleinheitswort auch nach dem Muster ABB und ABAB (A: 一 yī, B: ZEW) verdoppelt werden. Im Satz fungiert es als Adverbial zur Betonung der Häufigkeit einer Handlung.

一遍一遍地读	yī biàn yī biàn de dú	*einmal und noch einmal lesen*
一句句地听	yī jù jù de tīng	*Satz für Satz hören*

Datum und Uhrzeit

Datum

Die chinesischen Monatsbezeichnungen werden durch die Zahlen 1 bis 12 und 月 yuè *Mond, Monat* gebildet:

一月	yīyuè	*Januar*	四月	sìyuè	*April*
二月	èryuè	*Februar*	…	…	…
三月	sānyuè	*März*	十二月	shí'èryuè	*Dezember*

Der Tag wird durch ein Zahlwort in Verbindung mit 日 rì *Tag* ausgedrückt.

九日	jiǔrì	*der neunte*	二十八日	èrshíbārì	*der achtundzwanzigste*
十一日	shíyīrì	*der elfte*	三十日	sānshírì	*der dreißigste*

Anmerkung: In der Umgangssprache wird statt 日 rì *Tag* 号 hào *Nummer* verwendet.

Im Chinesischen ist die Reihenfolge des Datums anders als im Deutschen. Die größere Zeitangabe steht immer vor der kleineren. Zuerst kommt das Jahr, dann der Monat und zuletzt der Tag. Die Zahlen des Jahres werden einzeln gesprochen.

2006年10月13日	èrlínglíngliùnián shíyuè shísānrì	*13. Oktober 2006*

Wochentage

Die Wochentage werden nummeriert. Dabei werden die Zahlen nachgestellt:

星期一	xīngqīyī	*Montag*	星期四	xīngqīsì	*Donnerstag*
星期二	xīngqī 'èr	*Dienstag*	…	…	…
星期三	xīngqīsān	*Mittwoch*	星期日/ 星期天	xīngqīrì/ xīngqītiān	*Sonntag*

Anmerkung: 星期日 xīngqīrì für *Sonntag* wird vor allem in der Schriftsprache verwendet. In der Umgangssprache hört man für *Woche* anstatt 星期 xīngqī auch oft den Ausdruck 礼拜 lǐbài.

Bei der Frage nach dem Monat oder dem Wochentag wird die Zahl durch 几 jǐ ersetzt. Das Verb 是 shì *sein* braucht es nicht:

今天几号?	Jīntiān jǐ hào?	*Welcher Tag ist heute?*
今天星期几?	Jīntiān xīngqījǐ?	*Welcher Wochentag ist heute?*

Uhrzeit

Im Chinesischen wird die Uhrzeit von der größten bis zur kleinsten Einheit ausgedrückt: von der Stunde über die Minute zur Sekunde. Für die Uhrzeit werden die Zähleinheitswörter 点 diǎn für die Stunden, 分 fēn für die Minuten und 秒 miǎo für die Sekunden verwendet. In der Umgangssprache werden 半 bàn *halb* für dreißig Minuten und 刻 kè *Viertelstunde* für (ein) Viertel und drei Viertel benutzt. 分 fēn wird häufig weggelassen. Wenn die Zahl der Minuten unter 10 ist, so wird die Null mitgesprochen. *Vor* wird mit dem Verb 差 chà *fehlen* ausgedrückt.

九点	jiǔ diǎn	9:00, *neun Uhr*
九点零五(分)	jiǔ diǎn líng wǔ (fēn)	9:05, *fünf nach neun*
九点十五(分) 九点一刻	jiǔ diǎn shíwǔ (fēn) jiǔ diǎn yī kè	9:15 *Viertel nach neun*
九点三十(分) 九点半	jiǔ diǎn sānshí (fēn) jiǔ diǎn bàn	9:30 *halb zehn*
九点四十五(分) 九点三刻 十点差一刻 差一刻十点	jiǔ diǎn sìshíwǔ (fēn) jiǔ diǎn sānkè shí diǎn chà yī kè chà yī kè shí diǎn	9:45 *drei viertel zehn* *Viertel vor zehn* *Viertel vor zehn*

In der Umgangssprache werden für die Stunden nur die Zahlenangaben von 1 bis 12 verwendet. Mit den zusätzlichen Zeitbegriffen 早上 zǎoshang *Morgen*, 上午 shàngwǔ *Vormittag* und 下午 xiàwǔ *Nachmittag* sowie 晚上 wǎnshang *Abend* wird die Tageszeit spezifiziert.

下午四点	xiàwǔ sì diǎn	*16:00, nachmittags um vier Uhr*

Zeitdauer

Eine Zeitdauer wird durch folgende Zähleinheitswörter in Verbindung mit einem Zahlwort ausgedrückt.

年	nián	*Jahr*	钟头	zhōngtóu	*Stunde*
月	yuè	*Monat*	刻钟	kèzhōng	*Viertelstunde*
星期	xīngqī	*Woche*	分钟	fēnzhōng	*Minute*
天	tiān	*Tag*	秒钟	miàozhōng	*Sekunde*
小时	xiǎoshí	*Stunde*			

Achtung: 刻 kè, 分 fēn und 秒 miào sind selbst ZEW, nehmen also nicht zusätzlich ein ZEW. 年 nián und 天 tiān nehmen kein ZEW, da sie wie ein ZEW wahrgenommen werden.

三个月	sān ge yuè	*drei Monate*
一刻钟	yī kèzhōng	*eine Viertelstunde*
三天	sān tiān	*drei Tage*

Anmerkung: 半 bàn *halb* für die Uhrzeit:

三点半	sān diǎn bàn	*halb vier Uhr*

für die Zeitdauer:

三个半小时	sān ge bàn xiǎoshí	*dreieinhalb Stunden*

Bildung des Fragesatzes

Die Frage nach der Uhrzeit lautet 几点(钟) jǐ diǎn (zhōng) *Wie viel Uhr?*

你们几点上课?	Nǐmen jǐ diǎn shàngkè?	*Um wie viel Uhr habt ihr Unterricht?*

Im Chinesischen braucht es in den folgenden Sätzen kein Verb 是 shì *sein*.

现在几点?	Xiànzài jǐ diǎn?	*Wie viel Uhr ist es jetzt?*
(现在)九点。	(Xiànzài) jiǔ diǎn.	*Es ist (jetzt) neun Uhr.*

副词 fùcí – *Adverb*

Adverbien sind durch ihre Stellung im Satz zu erkennen: Sie stehen immer vor dem Verb.

Adverb der Zeit

Mit dem Adverb der Zeit wird eine Zeitangabe gemacht.

刚	gāng	*gerade, eben*	已经	yǐjīng	*bereits*
就	jiù	*gleich, bald*	曾经	céngjīng	*schon früher*
才	cái	*soeben, erst*	正在	zhèngzài	*gerade jetzt*
同时	tóngshí	*gleichzeitig*	马上	mǎshàng	*sofort*
一直	yīzhí	*immer*	平时	píngshí	*gewöhnlich*
终于	zhōngyú	*endlich*	后来	hòulái	*danach*
常(常)	cháng(chang)	*oft*	从来	cónglái	*immer*

Im Unterschied zum Substantiv der Zeit (siehe Kapitel 2), das verschiedene Positionen im Satz haben kann, steht das Adverb der Zeit immer vor dem Verb.

Das Adverb der Zeit kommt nur als Adverbial vor:

我们正在上课。	Wǒmen zhèngzài shàngkè.	*Wir haben jetzt gerade Unterricht.*
他刚走不久。	Tā gāng zǒu bù jiǔ.	*Er ist noch nicht lange weg.*

Das Substantiv der Zeit kann als Adverbial, aber auch als Attribut, als Objekt oder Subjekt auftreten.

我们现在开始上课。	Wǒmen xiànzài kāishǐ shàngkè.	*Wir beginnen jetzt den Unterricht.*
刚才他还在这儿。	Gāngcái tā hái zài zhèr.	*Eben war er noch hier.*

Die Verwendung von 才 cái und 就 jiù

才 cái und 就 jiù gehören zu den häufigsten Adverbien der Zeit.

才 cái mit der Bedeutung *soeben*:

比赛才开始。	Bǐsài cái kāishǐ.	*Der Wettkampf hat gerade angefangen.*

In Verbindung mit 呢 ne am Satzende kann 才 cái die Satzaussage verstärken.

他才不管呢。	Tā cái bù guǎn ne.	*Er wird sich sicher nicht darum kümmern.*

就 jiù mit der Bedeutung *gleich, sofort*:

我这就做。	Wǒ zhè jiù zuò.	*Ich mache das gleich.*

就 jiù kann *gleich danach* bedeuten und verbindet dann zwei unmittelbar aufeinanderfolgende Ereignisse.

下了课他就去图书馆。	Xiàle kè tā jiù qù túshūguǎn.	*Gleich nach dem Unterricht geht er zur Bibliothek.*

就 jiù kann auch *nur* bedeuten:

大家都走了，就他留下来。	Dàjiā dōu zǒu le, jiù tā liú xiàlai.	*Alle sind gegangen. Nur er ist geblieben.*

Mit 就 jiù *genau* wird eine Behauptung verstärkt:

办公室就在这儿。	Bàngōngshì jiù zài zhèr.	*Das Büro ist genau hier.*
这就是我们的汉语老师。	Zhè jiù shì wǒmen de Hànyǔ lǎoshī.	*Das ist doch unser Chinesischlehrer.*

Vergleich zwischen 才 cái und 就 jiù

Mit 才 cái drückt der Sprecher aus, dass ein Ereignis spät stattfindet. 就 jiù bezeichnet das Gegenteil, dass ein Ereignis früher als erwartet eintritt.

音乐会晚上八点才开始，他七点就来了。	Yīnyuèhuì wǎnshang bā diǎn cái kāishǐ, tā qī diǎn jiù lái le.	*Das Konzert fängt erst um acht Uhr an. Er ist schon um sieben Uhr gekommen.*
他很早就起来了。	Tā hěn zǎo jiù qǐlaile.	*Er ist schon sehr früh aufgestanden.*
他现在才起来。	Tā xiànzài cái qǐlai.	*Er ist erst jetzt aufgestanden.*

Adverb des Ausmaßes

Mit dem Adverb des Ausmaßes wird Begrenzung, Annäherung, Einbezug gekennzeichnet.

都	dōu	*alle*	一起	yīqǐ	*zusammen*
光	guāng	*nur*	到处	dàochù	*überall*
只，仅	zhǐ, jǐn	*nur, bloß*	全	quán	*total, ganz*
多半	duōbàn	*meist*	也	yě	*auch*
总	zǒng	*insgesamt*	几乎	jīhū	*fast, beinahe*

Das Adverb 都 dōu *alle* bezieht sich stets auf das davorstehende Wort und betont die Gesamtheit von Personen oder Sachen. Im Deutschen wird 都 dōu als Pronomen oder unbestimmte Anzahl *alle, alles, insgesamt* wiedergegeben.

他们都很忙。	Tāmen dōu hěn máng.	*Sie sind alle beschäftigt.*
客人都来了。	Kèrén dōu lái le.	*Alle Gäste sind gekommen.*

Adverb des Grades

Mit den Adverbien des Grades wird Intensität gekennzeichnet. Sie stehen vorwiegend vor Adjektiven.

最	zuì	*(Superlativ)*	很	hěn	*sehr*
更	gèng	*mehr*	十分	shífēn	*sehr, völlig, ganz*
比较	bǐjiào	*relativ*	非常	fēicháng	*außergewöhnlich*
特别	tèbié	*besonders*	太	tài	*zu, sehr*

这条路特别长。	Zhè tiáo lù tèbié cháng.	*Diese Straße ist besonders lang.*

Das Adverb 很 hěn *sehr* ist eines der am meisten benutzten Adverbien. Im Deutschen wird es nicht immer übersetzt. In einigen Fällen muss 很 hěn stehen (z.B. vor den Adjektiven 多 duō oder 少 shǎo). Vor einem Adjektiv wird die Kopula 是 shì nur bei starker Betonung verwendet (siehe Kapitel 4).

很 hěn kann vor Verben, die Gefühle ausdrücken, und vor manchen Modalverben sowie vor den Adjektiven stehen.

她很想念祖国。	Tā hěn xiǎngniàn zǔguó.	*Sie denkt fest ans Heimatland.*
她很会烧菜。	Tā hěn huì shāo cài.	*Sie kann sehr gut kochen.*

Ausnahmsweise kann 很 hěn auch als Ergänzung verwendet werden. In diesem Fall ist 很 hěn mit der Partikel 得 de verbunden (zum Gebrauch von 得 de siehe Kapitel 10).

他忙得很。	Tā máng de hěn.	*Er ist sehr beschäftigt.*

Mit 最 zuì vor einem Adjektiv wird im Chinesischen der Superlativ gebildet.

这个班的学生最多。	Zhè ge bān de xuésheng zuì duō.	*Diese Klasse hat die meisten Schüler:innen.*

Mit dem Adverb 更 gèng *mehr* vor einem Adjektiv wird eine Steigerung (Komparativ) angezeigt:

他哥哥更聪明。	Tā gēge gèng cōngming.	*Sein Bruder ist klüger.*

Adverb der Häufigkeit

又	yòu	*wieder*	再三	zài sān	*immer wieder*
再	zài	*noch(mals)*	还	hái	*noch*

Das Adverb 再 zài bezieht sich auf ein Ereignis, das schon einmal passiert ist und sich in Zukunft wiederholen wird.

我们明天再讨论。	Wǒmen míngtiān zài tǎolùn.	*Wir werden (das) morgen noch diskutieren.*
请你再等一会儿!	Qǐng nǐ zài děng yīhuìr!	*Warte bitte noch ein wenig!*

Das Adverb 再 zài kann auch *danach* bedeuten.

旅游团先去北京再去西安。	Lǚyóutuán xiān qù Běijīng zài qù Xī'ān.	*Die Reisegruppe geht zuerst nach Peking und danach nach Xian.*

Mit 再 zài wird auf einen Vergleich hingewiesen.

再早一班的火车几点开?	Zài zǎo yī bān de huǒchē jǐ diǎn kāi?	*Wann fährt ein früherer Zug? (wörtl.: ein noch früherer…)*

Das Adverb 再 zài kann in einem Aufforderungssatz verwendet werden.

请再说一遍!	Qǐng zài shuō yī biàn!	*Wiederhole bitte noch einmal!*

Das Adverb 又 yòu *wieder* bezieht sich auf ein Ereignis, das passiert ist und sich wiederholt hat.

他又病了。	Tā yòu bìng le.	*Er ist wieder krank.*
他又等了一会儿。	Tā yòu děngle yīhuìr.	*Er hat nochmals eine Weile gewartet.*

又 yòu bedeutet auch *darüber hinaus, noch*.

他买了报纸，又买了杂志。	Tā mǎile bàozhǐ, yòu mǎile zázhì.	*Er hat eine Zeitung und noch eine Zeitschrift gekauft.*

Mit dem Gebrauch von 还 hái *noch* wird erwartet, dass etwas künftig (nochmals) stattfinden wird.

这本书她还想看一遍。	Zhè běn shū tā hái xiǎng kàn yī biàn.	*Sie möchte dieses Buch noch einmal lesen.*
明年我还会去中国。	Míngnián wǒ hái huì qù Zhōngguó.	*Nächstes Jahr werde ich wahrscheinlich nochmals nach China gehen.*

Adverb der Verneinung

不	bù	*nicht*	绝不	juébù	*keinesfalls*
没(有)	méi(yǒu)	*nicht (haben)*	别	bié	*nicht (sollen)*
未必	wèibì	*kaum*	未曾	wèicéng	*noch nie*

不 bù und 没(有) méi(yǒu) sind die wichtigsten Adverbien der Verneinung. Beide Adverbien können vor einem Verb, einem Adjektiv und auch vor wenigen Adverbien stehen.

Mit dem Adverb 不 bù wird meist eine gegenwärtige oder zukünftige Handlung verneint. 不 bù steht immer vor jenem Satzelement, das es verneint.

她今天不来。	Tā jīntiān bù lái.	*Sie kommt heute nicht.*
她明天不来。	Tā míngtiān bù lái.	*Sie wird morgen nicht kommen.*

Mit 不 bù wird auch eine Gewohnheit verneint.

他不吸烟。	Tā bù xīyān.	*Er raucht nicht.*
他不喝咖啡。	Tā bù hē kāfēi.	*Er trinkt keinen Kaffee.*

Adjektive können nur mit 不 bù verneint werden, ob sie nun adjektivisch oder als Prädikat verwendet werden.

这座山不高。	Zhè zuò shān bù gāo.	*Dieser Berg ist nicht hoch.*
这间房间不大。	Zhè jiān fángjiān bù dà.	*Dieses Zimmer ist nicht groß.*

Mit dem Adverb 没(有) méi(yǒu) wird meist eine schon vollendete Handlung oder ein Zustand verneint.

她昨天没有上班。	Tā zuótiān méiyǒu shàng bān.	*Sie ist gestern nicht zur Arbeit gekommen.*
他没喝茶。	Tā méi hē chá.	*Er hat keinen Tee getrunken.*

Anmerkung: Bei der Verneinung einer vergangenen Handlung mit den Verben 会 huì *können*, 可以 kěyǐ *dürfen*, 应该 yīnggāi *sollen*, 是 shì *sein* und 认识 rènshi *erkennen* wird nur 不 bù als Verneinung verwendet.

昨天她不应该这样做。	Zuótiān tā bù yīnggāi zhèyàng zuò.	*Sie hätte das gestern nicht so machen sollen.*

Achtung: 没(有) méi(yǒu) kann als Adverb und als verneintes Verb verwendet werden (siehe Kapitel 3).

Wesentliche Funktionen des Adverbs

Adverbien modifizieren im Satz oft ein Verb, ein Adjektiv, manchmal auch ein anderes Adverb.

Adverbien vor einem Verb

晚饭后，他们常常去散步。	Wǎnfànhòu, tāmen chángchang qù sànbù.	*Nach dem Abendessen gehen sie oft spazieren.*
他刚到，电话铃就响了。	Tā gāng dào, diànhuàlíng jiù xiǎng le.	*Gerade als er ankam, klingelte das Telefon.*
李先生很忙。今天不来了。	Lǐ xiānsheng hěn máng. Jīntiān bù lái le.	*Herr Li ist sehr beschäftigt. Heute kommt er nicht.*

Aber vor den meisten Verben können Adverbien des Grades nicht stehen. Nur vor einigen Modalverben und den Verben, die Gefühle und Gedanken zum Ausdruck bringen, können Adverbien des Grades benutzt werden.

他十分喜欢音乐。	Tā shífēn xǐhuan yīnyuè.	*Er mag Musik sehr gern.*
我很愿意帮你忙。	Wǒ hěn yuànyì bāng nǐ máng.	*Ich helfe dir sehr gern.*

Adverbien vor einem Adjektiv

In den meisten Fällen werden Adverbien des Grades attributiv vor dem Adjektiv gebraucht.

我见到你非常高兴。	Wǒ jiàndaò nǐ fēicháng gāoxìng.	*Ich bin außerordentlich erfreut, dich zu sehen.*
今天天气特别好。	Jīntiān tiānqì tèbié hǎo.	*Heute ist das Wetter besonders schön.*

Adverbien vor einem oder mehreren anderen Adverbien

Kommen in einem Satz mehrere Adverbien gleichzeitig vor, so ist die Reihenfolge dieser Adverbien wie im Deutschen. Im Chinesischen stehen aber alle Adverbien vor dem Verb, auch wenn mehrere vorkommen.

不太喜欢	bù tài xǐhuān	*nicht so mögen*
我们也都不去。	Wǒmen yě dōu bù qù.	*Wir gehen auch alle nicht hin.*
他们也都不很忙。	Tāmen yě dōu bù hěn máng.	*Sie sind auch alle nicht sehr beschäftigt.*
他学习很不努力。	Tā xuéxí hěn bù nǔlì.	*Er lernt überhaupt nicht fleißig. (wörtl.: sehr nicht)*
他学习不很努力。	Tā xuéxí bù hěn nǔlì.	*Er lernt nicht sehr fleißig.*
他们全没参加这项活动。	Tāmen quán méi cānjiā zhè xiàng huódòng.	*Sie haben alle nicht an dieser Veranstaltung teilgenommen.*
他们没全参加这项活动。	Tāmen méi quán cānjiā zhè xiàng huódòng.	*Sie haben nicht alle an dieser Veranstaltung teilgenommen.*

Manche Adverbien können nur vor der Verneinung stehen.

她从来不迟到。	Tā cónglái bù chídào.	*Sie kommt nie zu spät. (wörtl.: von jeher nicht)*
这件事他几乎不知道。	Zhè jiàn shì tā jīhū bù zhīdào.	*Sie weiß fast nichts darüber.*

Manche Adverbien können nur nach der Verneinung stehen.

他们不一起去中国。	Tāmen bù yīqǐ qù Zhōngguó.	*Sie gehen nicht zusammen nach China.*
她不只会唱歌，还会跳舞。	Tā bù zhǐ huì chànggē, hái huì tiào wǔ.	*Sie kann nicht nur singen, sie kann auch tanzen.*

代词 dàicí – *Pronomen*

Im Chinesischen unterscheidet man drei Arten von Pronomen: Personalpronomen, Demonstrativpronomen und Interrogativpronomen.

Personalpronomen

Wie bei den Nomen gibt es auch bei den Personalpronomen im Chinesischen keine Deklination.

Singular

我	wǒ	*ich, mir, mich*	他	tā	*er, ihm, ihn*
你	nǐ	*du, dir, dich*	她	tā	*sie, ihr*
您	nín	*Sie, Ihnen*	它	tā	*es, ihm*

Plural

Die Pluralformen werden mit dem Suffix 们 -men gebildet. Für 您 nín gibt es keine Pluralform.

我们/咱们	wǒmen/ zánmen	*wir, uns*	她们	tāmen	*sie, ihnen (weiblich)*
你们	nǐmen	*ihr, euch*	它们	tāmen	*sie, ihnen (sächlich)*
他们	tāmen	*sie, ihnen (männlich)*			

Im Allgemeinen wird 我们 wǒmen für die 1. Person Plural gebraucht. 咱们 zánmen bezieht im Gegensatz zu 我们 wǒmen den Sprecher sowie alle Angesprochenen mit ein (inklusiv). 咱们 zánmen kommt vor allem in der Umgangssprache vor.

你也来和我们一起吃饭吧！	Nǐ yě lái hé wǒmen yīqǐ chīfàn ba!	*Komm, iss auch mit uns!*
你来吧，咱们一起吃晚饭！	Nǐ lái ba, zánmen yīqǐ chī wǎnfàn!	*Komm, lasst uns zusammen Abendbrot essen!*

Weitere Personalpronomen

自己	zìjǐ	*(sich) selbst, selber*
别人，人家	biéren, rénjia	*der/die andere(n)*
大家	dàjiā	*alle*
每	měi	*jede(-r/-s)*
各	gè	*jede(-r/-s), verschieden(e)*

自己 zìjǐ steht häufig zur Betonung nach einem Pronomen oder einer Personenbezeichnung.

你最好问问他自己。	Nǐ zuì hǎo wènwèn tā zìjǐ.	*Du fragst am besten ihn selbst.*
这是小王自己说的。	Zhè shì Xiǎo Wáng zìjǐ shuō de.	*Das hat Xiao Wang selber gesagt.*

Im Gegensatz zu 自己 zìjǐ bezeichnet 别人 biéren oder 人家 rénjia eine andere Person.

这本书是从别人那儿借来的。	Zhè běn shū shì cóng biéren nàr jièlái de.	*Dieses Buch ist von einem anderen geliehen.*

Mit dem Pronomen 每 měi wird ein Nomen näher bestimmt und Allgemeingültigkeit betont. Es steht oft zusammen mit dem Adverb 都 dōu *alle, beide*. 各 gè weist auf Verschiedenheit hin. Zwischen 每 měi und 各 gè und einem Nomen muss ein ZEW stehen.

每个游客都要办签证。	Měi ge yóukè dōu yào bàn qiānzhèng.	*Jede:r Tourist:in muss ein Visum beantragen.*
我们大学有很多来自各个国家的学生。	Wǒmen dàxué yǒu hěn duō lái zì gè ge guójiā de xuésheng.	*An unserer Universität gibt es viele Studierende aus verschiedenen Ländern.*

Syntaktische Funktion im Satz

Im Satz kann das Personalpronomen als Subjekt, Objekt und als Attribut fungieren. Im Chinesischen kann man die syntaktische Funktion des Personalpronomens nicht durch seinen Kasus, sondern durch seine Stellung im Satz erkennen.

Als Subjekt

他给我写了一封信。	Tā gěi wǒ xiěle yī fēng xìn.	*Er hat mir einen Brief geschrieben.*

Als Objekt

我给他写了一封信。	Wǒ gěi tā xiěle yī fēng xìn.	*Ich habe ihm einen Brief geschrieben.*

Als Attribut

Ein Personalpronomen kann attributiv verwendet werden und hat dann die Bedeutung eines Possessivpronomens. Das gilt jedoch vor allem für Familienmitglieder und Verwandte. In anderen Fällen muss die Partikel 的 de (siehe Kapitel 10) eingefügt werden.

这是我爸爸，妈妈。	Zhè shì wǒ bàba, māma.	*Dies sind meine Eltern.*
他的房间很整齐。	Tā de fángjiān hěn zhěngqí.	*Sein Zimmer ist sehr ordentlich.*

Personalpronomen im Aufforderungssatz

Im Chinesischen muss das Personalpronomen im Imperativsatz am Anfang des Satzes stehen.

您坐！	Nín zuò!	*Setzen Sie sich!*

Oft beginnt ein Aufforderungssatz mit 请 qǐng *bitte*. Dabei wird das Personalpronomen weggelassen.

请坐！	Qǐng zuò!	*Nehmen Sie bitte Platz!*
请喝茶！	Qǐng hē chá!	*Trinken Sie bitte Tee!*

Demonstrativpronomen

Mit dem Demonstrativpronomen weist man in besonderer Weise auf eine Person, Sache, einen Ort, eine Zeit usw. hin.

这 zhè *diese(-r/-s)* und 那 nà *jene(-r/-s)* sind die häufigsten Demonstrativpronomina und werden ähnlich wie im Deutschen eingesetzt. Als alleinstehende Demonstrativpronomina fungieren sie im Satz in den meisten Fällen als Subjekt. Sie kommen oft als Subjekt von 是 shì vor.

这是我女儿。	Zhè shì wǒ nǚ'ér.	*Das ist meine Tochter.*
那是她先生。	Nà shì tā xiānsheng.	*Jener ist ihr Mann.*
这是我画的画。	Zhè shì wǒ huà de huà.	*Dieses Bild habe ich gemalt.*
那不是我画的画。	Nà bù shì wǒ huà de huà.	*Jenes Bild habe nicht ich gemalt.*

这 zhè und 那 nà können mit verschiedenen Ausdrücken zusammen vorkommen:

	Verwendung	nahe liegend	Deutsch	weiter entfernt	Deutsch
Stellvertreter des Substantivs	Person, Sache	这 zhè	*diese (-r, -s)*	那 nà	*jene (-r, -s)*
	Ort	这里 zhèli, 这儿 zhèr	*hier*	那里 nàli, 那儿 nàr	*dort*
	Zeit	这时 zhè shí, 这会儿 zhèhuìr	*jetzt*	那时 nà shí, 那会儿 nàhuìr	*damals*
Stellvertreter des Verbs, Adjektivs, Adverbs	Handlung, Eigenschaft, Grad	这么 zhème, 这样 zhèyàng, 这么样 zhèmeyàng	*so, derart*	那么 nàme, 那样 nàyàng, 那么样 nàmeyàng	*so, derart*
Stellvertreter der Zahl	Menge	这么些 zhème xiē, 这么点儿 zhème diǎnr	*so viele, so wenig*	那么些 nàme xiē 那么点儿 nàme diǎnr	*so viel, so wenig*

Stehen 这 zhè und 那 nà vor Substantiven, so muss ein ZEW eingefügt werden. Die Angabe einer Anzahl steht jeweils zwischen dem Demonstrativpronomen und dem ZEW.

那两件衬衫	nà liǎng jiàn chènshān	*jene zwei Blusen*
这几个生词	zhè jǐ ge shēngcí	*diese (paar) neuen Vokabeln*

Mit 这里 zhèli/这儿 zhèr und 那里 nàli/那儿 nàr wird wie im Deutschen ein Ort bezeichnet.

他刚到那儿。	Tā gāng dào nàr.	*Er ist gerade dort angekommen.*
这里的人很好客。	Zhèli de rén hěn hàokè.	*Die Leute hier sind sehr gastfreundlich.*

Bezeichnen Personen eine Ortsangabe, so muss nach der Personenbezeichnung 这里 zhèli/这儿 zhèr oder 那里 nàli/那儿 nàr stehen.

她在我这儿。	Tā zài wǒ zhèr.	*Sie ist bei mir.*

Mit 这时 zhè shí wird die Gegenwart bezeichnet, während 那时 nà shí die Vergangenheit bezeichnet.

这时我才知道她搬家了。	Zhè shí wǒ cái zhīdào tā bānjiā le.	*Erst jetzt weiß ich, dass sie umgezogen ist.*
那时没有电视机。	Nà shí méi yǒu diànshìjī.	*Damals gab es keinen Fernseher.*

Mit 这么 zhème, 那么 nàme, 这样 zhèyàng und 那样 nàyàng werden Verben und Adjektive modifiziert. Im Satz fungiert dieses Satzglied als Adverbial.

时间过得这么快。我必须走了。	Shíjiān guò de zhème kuài. Wǒ bìxū zǒu le.	*So schnell vergeht die Zeit. Ich muss nun gehen.*
他不问清楚就这么做了。	Tā bù wèn qīngchu jiù zhème zuò le.	*Er hat es so gemacht, ohne genau zu fragen.*
他那样开车太危险。	Tā nàyàng kāi chē tài wēixiǎn.	*Es ist zu gefährlich, so zu fahren.*

这么 zhème, 那么 nàme, 这样 zhèyàng oder 那样 nàyàng können auch attributiv vor Substantiven verwendet werden.

这样的房屋到处可以看到。	Zhèyàng de fángwū dàochù kěyǐ kàndào.	*Solche Häuser kann man überall sehen.*
那样的农具已很少见了。	Nàyàng de nóngjù yǐ hěn shǎo jiànle.	*Solches Ackergerät sieht man nicht mehr oft.*

In 这么些 zhème xiē und 那么点儿 nàme diǎnr sind xiē und diǎnr ZEW. Diese beiden Ausdrücke stehen meist vor Substantiven.

这么些花中她最喜欢玫瑰花。	Zhème xiē huā zhōng tā zuì xǐhuan méiguìhuā.	*Von diesen Blumen mag sie die Rose am liebsten.*
就差那么点儿时间，他没有赶到。	Jiù chà nàme diǎnr shíjiān, tā méiyǒu gǎndào.	*Es hätte nur wenig gefehlt, und er hätte sein Ziel erreicht.*

Interrogativpronomen

Mit den Interrogativpronomina wird nach einem bestimmten Satzglied gefragt:

	Verwendung	Interrogativpronomen	Deutsch
Frage nach einem Substantiv	Person, Sache	谁 shuí 谁的 shuí de 什么 shénme 哪 nǎ	*wer? wem? wen?* *wessen?* *was? was für?* *welche(-r/-s)?*
	Ort	哪儿 nǎr, 哪里 nǎli, 什么地方 shénme dìfang	*wo?*
	Zeit	什么时候 shénme shíhou	*wann?*
Frage nach einem Verb, Adjektiv, Adverb	Handlung Eigenschaft Grad	怎么 zěnme, 怎样 zěnyàng, 怎么样 zěnmeyàng, 多 duō	*wie?*
Frage nach der Anzahl	Menge	几 jǐ, 多少 duōshǎo	*wie viel(e)?*

Auch das Interrogativpronomen ist nicht deklinierbar. Es steht im Satz immer an der Stelle des Satzgliedes, nach dem gefragt wird. Das heißt, dass die Wortstellung im Frage- und Antwortsatz im Chinesischen gleich bleibt, wohingegen die Fragewörter im Deutschen am Satzanfang stehen.

Mit 谁 shuí kann man sowohl nach einem Subjekt und Objekt wie auch nach einem Attribut fragen.

他是谁?	Tā shì shuí?	*Wer ist er?*
你找谁?	Nǐ zhǎo shuí?	*Wen suchst du?*
这是谁的伞?	Zhè shì shuí de sǎn?	*Wessen Regenschirm ist das?*

Mit dem Fragewort 什么 shénme wird meist nach Sachen gefragt.

这是什么?	Zhè shì shénme?	*Was ist das?*
这是什么花?	Zhè shì shénme huā?	*Was für eine Blume ist das?*
你在中国干什么?	Nǐ zài Zhōngguó gàn shénme?	*Was machst du in China?*

Mit 什么 shénme kann man aber auch nach Namen und Beruf einer Person fragen. Eine solche Frage direkt an die befragte Person zu richten, wäre aber unhöflich.

他是什么医生？	Tā shì shénme yīshēng?	*Was für ein Arzt ist er?*
他是什么人？	Tā shì shénme rén?	*Wie heißt er? Was ist er von Beruf? (wörtl.: Was für ein Mensch ist er?)*

哪 nǎ entspricht im Deutschen *welche(-r/-s)?*

你是哪国人？	Nǐ shì nǎ guó rén?	*Aus welchem Land kommst du?*

Mit 哪儿 nǎr oder 哪里 nǎli wird nach einem Ort gefragt. Oft steht davor eine Präposition. Je nach Verb werden diese Ausdrücke im Deutschen auch mit wohin? und woher? übersetzt.

你在哪里工作？	Nǐ zài nǎli gōngzuò?	*Wo arbeitest du?*
你到哪儿去？	Nǐ dào nǎr qù?	*Wohin gehst du?*

Die allgemeine Frage nach einem Zeitpunkt wird mit 什么时候 shénme shíhou gebildet.

学校什么时候开学？	Xuéxiào shénme shíhou kāi xué?	*Wann fängt die Schule an?*

Die Frage nach der Menge wird mit 几 jǐ und 多少 duōshǎo gestellt. 几 jǐ braucht der Fragende, wenn er kleinere Mengen erwartet (bis zu ca. einem Dutzend). Bei 几 jǐ muss das ZEW stehen, bei 多少 duōshǎo nicht unbedingt.

你们班有多少学生？	Nǐmen bān yǒu duōshǎo xuésheng?	*Wie viele Schüler:innen sind in eurer Klasse?*
你有几个孩子？	Nǐ yǒu jǐ ge háizi?	*Wie viele Kinder hast du?*
这个孩子几岁？	Zhè ge háizi jǐ suì?	*Wie alt ist dieses Kind?*

Mit 怎么 zěnme, 怎样 zěnyàng, 怎么样 zěnmeyàng fragt man nach Art und Weise und Grund.

去颐和园怎么/怎样走？	Qù Yíhéyuán zěnme/zěnyàng zǒu?	*Wie kommt man zum Sommerpalast?*

怎么 zěnme kann auch *warum* bedeuten.

你怎么现在才来？	Nǐ zěnme xiànzài cái lái?	*Warum bist du erst jetzt gekommen?*

怎样 zěnyàng und 怎么样 zěnmeyàng hingegen kommen häufig in prädikativer Stellung vor. Im Deutschen muss hier das Verb *sein* ergänzt werden.

德国南部的气候怎样/怎么样?	Déguó nánbù de qìhòu zěnyàng/zěnmeyàng?	*Wie ist das Klima in Süddeutschland?*

Mit 多 duō zusammen mit einem einsilbigen Adjektiv wird nach dem Grad gefragt: 多高 duō gāo *wie hoch,* 多大 duō yuǎn *wie groß,* 多长 duō cháng *wie lange,* 多重 duō zhòng *wie schwer.*

上海离北京多远?	Shànghǎi lí Běijīng duō yuǎn?	*Wie weit ist es von Shanghai nach Peking?*
这间房间多大?	Zhè jiān fángjiān duō dà?	*Wie groß ist das Zimmer?*
他多大年纪了?	Tā duō dà niánjì le?	*Wie alt ist er?*

Wenn man nach dem Alter einer älteren Person fragt, wird 多大 duō dà verwendet. Im Gegensatz dazu benutzt man bei der Frage nach dem Alter eines Kindes 几岁 jǐ suì (siehe oben).

Besondere Verwendung von Interrogativpronomen

Mit dem Interrogativpronomen werden auch Sätze gebildet, um eine Aussage zu betonen sowie Unbestimmtes, Allgemeines zum Ausdruck zu bringen.

他不知说了句什么话。	Tā bù zhī shuōle jù shénme huà.	*Er weiß nicht, was er gesagt hat.*
他想去哪儿就去哪儿。	Tā xiǎng qù nǎr jiù qù nǎr.	*Er geht, wohin er will.*
谁想知道谁就问。	Shuí xiǎng zhīdào shuí jiù wèn.	*Wer das wissen möchte, der kann fragen.*
你什么时候需要我帮忙都行。	Nǐ shénme shíhou xūyào wǒ bāngmáng dōu xíng.	*Ich bin da, wann immer du meine Hilfe brauchst.*

Die Interrogativpronomina können in Aussagesätzen auch mit den Verneinungen 不 bù oder 没 méi und mit 都 dōu oder 也 yě zusammen verwendet werden und bedeuten dann *nichts, niemand, nirgendwo* etc.

他谁都不认识。	Tā shuí dōu bù rènshi.	*Er kennt niemanden.*
我什么也不知道。	Wǒ shénme yě bù zhīdào.	*Ich weiß nichts.*
她哪儿都没去。	Tā nǎr dōu méi qù.	*Sie ist nirgendwohin gegangen.*

8

介词 jiècí – *Präposition*

Im Chinesischen stehen Präpositionen vor einem Substantiv, einem Pronomen oder einer Wortgruppe. Die so gebildeten Präpositionalgefüge fungieren im Satz als Adverbial oder Ergänzung.

Die meisten chinesischen Präpositionen sind ursprünglich Verben. Manche Präpositionen haben in vielerlei Hinsicht Ähnlichkeiten mit Verben. Tatsächlich fungieren auch heute noch gewisse Wörter als Präpositionen und in anderem Kontext als Verben (z.B. 在 zài, das als Verb *sich befinden, (irgendwo) sein* und als Präposition *in, an, bei* bedeutet).

Oft fehlt im Chinesischen die Präposition, wo in der deutschen Übersetzung eine stehen muss. Die chinesischen Verben beinhalten die Bedeutung der deutschen Präposition schon.

他今天来北京。	Tā jīntiān lái Běijīng.	*Er kommt heute nach Peking.*

Im Deutschen muss hier die Präposition *nach* stehen, wohingegen im chinesischen Verb 来 lái *kommen* die Richtung schon enthalten ist und deswegen keine Präposition stehen muss.

Präposition zur Kennzeichnung von Zeit, Ort und Richtung

Einige wichtige Präpositionen zur Angabe von Zeit, Ort und der Richtung sind:

从	cóng	*von*	自(从)	zì (cóng)	*seit*
到	dào	*bis*	在	zài	*in*
由	yóu	*von*	朝	cháo	*in Richtung, nach*
于	yú	*in*	往	wàng/wǎng	*nach*
沿(着)	yán(zhe)	*entlang*	向	xiàng	*in Richtung, gegen*
随(着)	suí(zhe)	*mit*	离	lí	*entfernt von*

Angabe der Zeit

我们这里从5月1日到5月7日放假。	Wǒmen zhèli cóng 5 yuè 1 rì dào 5 yuè 7 rì fàng jià.	*Wir haben hier vom 1. Mai bis zum 7. Mai frei.*
随着经济的快速发展，人们的生活改善了。	Suízhe jīngjì de kuàisù fāzhǎn, rénmen de shēnghuó gǎishàn le.	*Mit der schnellen Entwicklung der Wirtschaft hat sich das Leben der Menschen verbessert.*

Angabe von Ort oder Richtung

他的朋友来自各个国家。	Tā de péngyou lái zì gè ge guójiā.	*Seine Freunde kommen aus verschiedenen Ländern.*
本次班机由法兰克福飞往北京。	Běncì bānjī yóu Fǎlánkèfú fēi wǎng Běijīng.	*Dieser Flug geht von Frankfurt nach Peking.*
他朝我走来。	Tā cháo wǒ zǒu lái.	*Er kommt auf mich zu.*

Die Verwendung von 在 zài

在 zài bedeutet als Verb *sich befinden, (irgendwo) sein* (siehe Kapitel 3). Als Präposition hat 在 zài deshalb die Bedeutung *in, bei, an* und steht immer vor einer Ortsangabe.

他在邮局工作。	Tā zài yóujú gōngzuò.	*Er arbeitet bei der Post.*
她在北京学汉语。	Tā zài Běijīng xué Hànyǔ.	*Sie studiert in Peking Chinesisch.*

In Verbindung mit den Substantiven der Richtung (siehe Kapitel 2) bildet 在 zài ein Präpositionalgefüge, das Zeit, Ort oder Bedingung angibt.

在他的桌子上放着很多书。	Zài tā de zhuōzi shàng fàngzhe hěn duō shū.	*Auf seinem Tisch liegen viele Bücher.*
他在工作中积累了丰富的经验。	Tā zài gōngzuò zhōng jīlěile fēngfù de jīngyàn.	*Er hat bei der Arbeit viel Erfahrung gesammelt.*
在导游的陪同下，他们游览了当地的名胜古迹。	Zài dǎoyóu de péitóng xià, tāmen yóulǎnle dāngdì de míngshèng gǔjī.	*Unter der Begleitung des Reiseführers haben sie am Ort die Sehenswürdigkeiten besichtigt.*

Präposition zur Kennzeichnung der Art und Weise

Zu dieser Gruppe gehören folgende Präpositionen:

按照	ànzhào	*nach, gemäß*	以	yǐ	*mit, durch*
根据	gēnjù	*aufgrund, laut*	用	yòng	*mittels, mit*
经过	jīngguò	*durch, nach*	通过	tōngguò	*mittels, durch*
凭	píng	*nach, gemäß*			

通过技术革新，改进了产品质量。	Tōngguò jìshù géxīn, gǎijìnle chǎnpǐn zhìliàng.	*Durch technische Neuerung hat sich die Qualität der Produkte verbessert.*
按照规定每位旅客只能托运二十公斤行李。	Ànzhào guīdìng měi wèi lǚkè zhǐ néng tuōyùn èrshí gōngjīn xíngli.	*Gemäß der Vorschrift darf jeder Tourist nur zwanzig Kilo Gepäck mitnehmen.*
经过努力，他们的汉语学习有了显著的进步。	Jīngguò nǔlì, tāmen de Hànyǔ xuéxí yǒule xiǎnzhù de jìnbù.	*Durch Fleiß haben sie beim Chinesischlernen große Fortschritte gemacht.*
她会用毛笔写字。	Tā huì yòng máobǐ xiězì.	*Sie kann mit dem Pinsel schreiben.*

Präposition zur Kennzeichnung des Zwecks und des Grundes

Die Präpositionen dieser Gruppe sind:

为(了)	wèi(le)	*zum Zweck, für*	由于	yóuyú	*wegen*
因(为)	yīn(wèi)	*wegen*			

因为公共汽车误点，他来晚了。	Yīnwèi gōnggòng qìchē wùdiǎn, tā lái wǎn le.	*Wegen der Verspätung des Busses ist er zu spät gekommen.*
由于头痛他没去上学。	Yóuyú tóutòng tā méi qù shàng xué.	*Er ist wegen Kopfschmerzen nicht zur Schule gegangen.*
为了健康他们每天早晨打太极拳。	Wèile jiànkāng tāmen měi tiān zǎochén dǎ Tàijíquán.	*Um der Gesundheit willen üben sie jeden Morgen Taiji.*

Präposition zur Kennzeichnung des Objekts

Im Deutschen wird das Objekt durch Deklination des Substantivs und des Artikels gekennzeichnet. Im Chinesischen können Substantive durch entsprechende Präpositionen als Objekte gekennzeichnet werden.

把	bǎ	*(keine Entsprechung)*	对	duì	*über*
与	yǔ	*mit, gegen*	对于	duìyú	*über*
同	tóng	*mit*	关于	guānyú	*in Bezug auf*
跟	gēn	*mit, und*	至于	zhìyú	*was ... betrifft*

给	gěi	*für*	替	tì	*für*
为	wèi	*für*	被	bèi	*(keine Entsprechung)*

张先生跟李先生在谈话。	Zhāng xiānsheng gēn Lǐ xiānsheng zài tánhuà.	*Herr Zhang spricht gerade mit Herrn Li.*
王先生跟陈先生同时来到会场。	Wáng xiānsheng gēn Chén xiānsheng tóngshí lái dào huìchǎng.	*Herr Wang und Herr Chen sind gleichzeitig in den Kongresssaal gekommen.*
她与疾病作斗争。	Tā yǔ jíbìng zuò dòuzhēng.	*Sie kämpft gegen ihre Krankheit.*
我给我妈妈打了一个电话。	Wǒ gěi wǒ māma dǎle yī ge diànhuà.	*Ich habe meine Mutter angerufen.*
他替我买了一本书。	Tā tì wǒ mǎile yī běn shū.	*Er hat für mich ein Buch gekauft.*

把 bǎ

Durch 把 bǎ kann ein Objekt dem Verb vorangestellt und hervorgehoben werden (siehe Kapitel 13).

他把车停在车库里。	Tā bǎ chē tíng zài chēkù li.	*Er hat sein Auto in der Garage geparkt.*

被 bèi

Ein Satz mit der Präposition 被 bèi entspricht dem deutschen Passivsatz (siehe Kapitel 13).

他们的衣服被雨淋湿了。	Tāmen de yīfu bèi yǔ línshī le.	Ihre Kleider sind vom Regen nass geworden.

对 duì, 对于 duìyú, 关于 guānyú

Die Präposition 对 duì weist auf eine Beziehung zwischen Personen hin. Im Deutschen entspricht sie *zu*.

他对人十分热情。	Tā duì rén shífēn rèqíng.	*Er ist zu den Leuten sehr freundlich.*

Um auf eine Beziehung zwischen Person, Sache sowie Handlung hinzuweisen, kann nicht nur 对 duì, sondern auch 对于 duìyú verwendet werden. In diesem Fall kann ein mit der Präposition 对 duì oder 对于 duìyú gebildetes Präpositionalgefüge als Adverbial vor oder nach dem Subjekt stehen.

我对针灸很感兴趣。	Wǒ duì zhēnjiǔ hěn gǎn xìngqù.	*Ich interessiere mich für Akupunktur.*
对(于)汉语学习他们都很努力。	Duì(yú) Hànyǔ xuéxí tāmen dōu hěn nǔlì.	*Was das Chinesischlernen betrifft, sind sie alle sehr fleißig.*

Vor einem Präpositionalgefüge mit 对 duì kann im Gegensatz zum Präpositionalgefüge mit 对于 duìyú ein Modalverb oder ein Adverb stehen.

他会对这件事作出正确的决定。	Tā huì duì zhè jiàn shì zuòchū zhèngquè de juédìng.	*Er wird sich in dieser Sache richtig entscheiden.*
他们都对这部电影不感兴趣。	Tāmen dōu duì zhè bù diànyǐng bù gǎn xìngqù.	*Sie interessieren sich alle nicht für diesen Film.*

关于 guānyú bedeutet *bezüglich*. Die mit 关于 guānyú gebildeten Präpositionalgefüge können als Adverbial nur am Satzanfang stehen.

关于这个问题我们需要仔细考虑。	Guānyú zhè ge wèntí wǒmen xūyào zǐxì kǎolǜ.	*Über dieses Problem müssen wir noch genauer nachdenken.*
关于这次旅行我们已做了充分准备。	Guānyú zhè cì lǚxíng wǒmen yǐ zuòle chōngfèn zhǔnbèi.	*Was diese Reise betrifft, haben wir uns schon genügend vorbereitet.*

Präposition zur Kennzeichnung des Vergleichs

比	bǐ	*verglichen mit*	同	tóng	*(verglichen) mit*
跟	gēn	*(verglichen) mit*	与	yǔ	*(verglichen) mit*
和	hé	*(verglichen) mit*			

Die Präpositionen des Vergleichs kommen im Vergleichssatz vor (siehe Kapitel 12).

今天的天气跟昨天的一样热。	Jīntiān de tiānqì gēn zuótiān de yīyàng rè.	*Heute ist es ebenso heiß wie gestern.*
弟弟比姐姐小七岁。	Dìdi bǐ jiějie xiǎo qī suì.	*Der Bruder ist 7 Jahre jünger als die Schwester.*

连词 liáncí – *Konjunktion*

Die Konjunktionen dienen wie im Deutschen dazu, Wörter, Wortgruppen oder Sätze miteinander zu verbinden. Im Chinesischen werden Konjunktionen jedoch viel seltener eingesetzt als im Deutschen. Gerade satzverbindende Konjunktionen fehlen häufig, da im Chinesischen mehrere Handlungen einfach aneinandergereiht werden können. Das heißt, wo im Deutschen eine Konjunktion stehen muss, fehlt sie im Chinesischen oft:

她去北京学汉语。	Tā qù Běijīng xué Hànyǔ.	*Sie geht nach Peking, um Chinesisch zu lernen.*

Konjunktion zur Verbindung von Wörtern oder Wortgruppen

和	hé	*und*	及	jí	*und, sowie*
跟	gēn	*und*	与	yǔ	*und*
同	tóng	*und*	或	huò	*oder*

跟 gēn, 和 hé, 同 tóng, 与 yǔ

Diese vier Wörter haben die gleiche Bedeutung. 跟 gēn wird vor allem in der Umgangssprache verwendet, 同 tóng dagegen vorwiegend in der Schriftsprache. 与 yǔ wird nur in der geschriebenen Sprache eingesetzt. 和 hé wird am häufigsten von diesen vier verwendet und kommt sowohl in der Umgangs- wie auch in der Schriftsprache vor.

我跟她是老同学。	Wǒ gēn tā shì lǎo tóngxué.	*Sie und ich sind alte Schulkameradinnen.*
中国专家同德国专家都参加了这次会议。	Zhōngguó zhuānjiā tóng Déguó zhuānjiā dōu cānjiāle zhè cì huìyì.	*Chinesische und deutsche Fachleute haben an diesem Kongress teilgenommen.*
环境保护关系着人类的今天与明天。	Huánjìng bǎohù guānxizhe rénlèi de jīntiān yǔ míngtiān.	*Umweltschutz betrifft die Gegenwart und die Zukunft der Menschheit.*
她买了一本«语法与修辞»。	Tā mǎile yī běn «Yǔfǎ yǔ xiūcí».	*Sie hat das Buch „Grammatik und Stilistik" gekauft.*
中国人民与德国人民都是爱好和平的。	Zhōngguó rénmín yǔ Déguó rénmín dōu shì àihào hépíng de.	*Das chinesische und das deutsche Volk lieben beide den Frieden.*

Mit 和 hé werden Wörter und Wortgruppen aneinandergereiht:

和 hé verbindet hauptsächlich Substantive. 和 hé kann aber nie Sätze verbinden. Sollen zwei Sätze durch *und* verbunden werden, verwendet man z.B. 并且 bìngqiě (siehe: Konjunktionen zur Verbindung von Sätzen).

我和他都是足球迷。	Wǒ hé tā dōu shì zúqiúmí.	*Er und ich sind beide Fußballfans.*
我弟弟和她妹妹的生日是同一天。	Wǒ dìdi hé tā mèimei de shēngrì shì tóng yī tiān.	*Mein jüngerer Bruder und ihre jüngere Schwester haben am gleichen Tag Geburtstag.*
由于空气污染严重，人们难得见到蓝天和白云。	Yóuyú kōngqì wūrǎn yánzhòng, rénmen nándé jiàndào lántiān hé báiyún.	*Wegen der schlimmen Luftverschmutzung sieht man selten blauen Himmel und weiße Wolken.*

Anmerkung: Beim Gebrauch der beiordnenden Konjunktion 和 hé *und* steht das Pronomen 我 wǒ *ich* im Chinesischen immer vor dem anderen Pronomen.

和 hé kann auch Verben und Adjektive verbinden.

这个体育馆正在改建和扩建。	Zhè ge tǐyùguǎn zhèngzài gǎijiàn hé kuòjiàn.	*Diese Sporthalle wird gerade renoviert und erweitert.*
柔和，缓慢和舒展是太极拳的主要特点。	Róuhé, huǎnmàn hé shūzhǎn shì Tàijíquán de zhǔyào tèdiǎn.	*Sanftheit, Langsamkeit und Entspannung sind wesentliche Kennzeichen des Taiji.*
会议是在亲切和友好的气氛中进行的。	Huìyì shì zài qīnqiè hé yǒuhǎo de qìfèn zhōng jìnxíng de.	*Die Konferenz verlief in einer herzlichen und freundschaftlichen Atmosphäre.*

In dem obigen Beispiel sind 柔和 róuhé, 缓慢 huǎnmàn, 舒展 shūzhǎn Adjektive. Im Satz haben sie die Funktion von Substantiven (siehe Kapitel 1).

Wie *und* im Deutschen steht 和 hé bei der Aufzählung von mehr als zwei Wörtern oder Wortgruppen im Allgemeinen nur einmal, und zwar vor dem letzten Wort oder der letzten Wortgruppe.

我们今天上午有数学课，生物课和英语课。	Wǒmen jīntiān shàngwǔ yǒu shùxuékè, shēngwùkè hé Yīngyǔkè.	*Heute Vormittag haben wir Mathematik, Biologie und Englisch.*
中国，埃及和希腊都有悠久的历史。	Zhōngguó, Āijí hé Xīlà dōu yǒu yōujiǔ de lìshǐ.	*China, Ägypten und Griechenland haben alle eine lange Geschichte.*
春节，元宵节，端午节和中秋节是中国最主要的传统节日。	Chūnjié, Yuánxiāojié, Duānwǔjié hé Zhōngqiūjié shì Zhōngguó zuì zhǔyào de chuántǒng jiérì.	*Das Frühlingsfest, das Laternenfest, das Drachenbootfest und das Mondfest sind die wichtigsten traditionellen chinesischen Feste.*

In der geschriebenen Sprache wird häufig 及 jí verwendet.

报纸及电台都报道了这个重要消息。	Bàozhǐ jí diàntái dōu bàodàole zhè ge zhòngyào xiāoxī.	*Zeitung und Radio haben diese wichtige Nachricht verbreitet.*
这场胜利应归功于运动员及教练的密切配合。	Zhè chǎng shènglì yīng guīgōng yú yùndòngyuán jí jiàoliàn de mìqiè pèihé.	*Dieser Sieg ist der guten Kooperation zwischen Sportler und Trainer zu verdanken.*

Mit 或 huò *oder* drückt man aus, dass nur eine Möglichkeit aus zwei oder mehr Möglichkeiten ausgewählt werden kann.

你可以喝茶或喝咖啡。	Nǐ kěyǐ hē chá huò hē kāfēi.	*Du kannst Tee oder Kaffee trinken.*
今天是启程前的最后一天，您可以去苏州或杭州，或留在上海。	Jīntiān shì qǐchéng qián de zuìhòu yī tiān, nín kěyǐ qù Sūzhōu huò Hángzhōu, huò liú zài Shànghǎi.	*Heute ist der letzte Tag vor der Abreise. Sie können nach Suzhou oder Hangzhou gehen oder in Shanghai bleiben.*

Konjunktion oder Präposition?

跟 gēn, 和 hé, 同 tóng, 与 yǔ sind Konjunktionen und Präpositionen. Der Unterschied ist, dass die Konjunktionen 跟 gēn, 和 hé, 同 tóng, 与 yǔ eine verbindende Funktion haben. Wenn die Anordnung der verbundenen Elemente vertauscht wird, ändert sich die Bedeutung des Satzes nicht.

汉斯和安娜在下象棋。	Hànsi hé Ānnà zài xià xiàngqí.	*Hans und Anna spielen gerade Schach.*
安娜和汉斯在下象棋。	Ānnà hé Hànsi zài xià xiàngqí.	*Anna und Hans spielen gerade Schach.*

Demgegenüber wird durch die Präpositionen 跟 gēn, 和 hé, 同 tóng, 与 yǔ ein Objekt einer Handlung gekennzeichnet. Die Anordnung der miteinander verbundenen Elemente kann nicht vertauscht werden.

他与疾病作斗争。	Tā yǔ jíbìng zuò dòuzhēng.	*Er kämpft gegen die Krankheit.*

In wenigen Fällen kann die Anordnung zwar umgetauscht werden, aber dabei ändert sich auch die Bedeutung des Satzes.

我跟她打电话。	Wǒ gēn tā dǎ diànhuà.	*Ich telefoniere mit ihr.*
她跟我打电话。	Tā gēn wǒ dǎ diànhuà.	*Sie telefoniert mit mir.*

Konjunktion zur Verbindung von Wörtern, Wortgruppen und Sätzen

Die Konjunktionen dieser Gruppe können Wörter und Wortgruppen, aber im Gegensatz zu den oben genannten Konjunktionen auch Sätze verbinden.

并(且)	bìng(qiě)	*und, außerdem*	或(者)	huò(zhě)	*oder*
而(且)	ér(qiě)	*und, sondern auch*	还是	háishì	*oder*

还是 háishì wird in Wahlfragen verwendet.

你喜欢游泳还是登山？	Nǐ xǐhuan yóuyǒng háishì dēng shān?	*Magst du Schwimmen oder Bergsteigen?*
你想留在这儿，还是跟我们一起去？	Nǐ xiǎng liú zài zhèr, háishì gēn wǒmen yīqǐ qù?	*Möchtest du hier bleiben oder mit uns kommen?*
你这个星期还是下个星期离开北京？	Nǐ zhè ge xīngqī háishì xià ge xīngqī líkāi Běijīng?	*Verlässt du Peking diese oder nächste Woche?*
这篇文章是好还是坏应由读者评定。	Zhè piān wénzhāng shì hǎo háishì huài yīng yóu dúzhě píngdìng.	*Ob dieser Artikel gut oder schlecht ist, soll der/die Leser:in entscheiden.*

或者 huòzhě *oder* wird vor allem im Aussagesatz verwendet. 或者 huòzhě und 或 huò haben die gleiche Bedeutung. Im Gegensatz zu 或 huò kann 或者 huòzhě nicht nur Wörter und Wortgruppen, sondern auch Sätze verbinden.

我想养一只宠物，猫或者狗。	Wǒ xiǎng yǎng yī zhī chǒngwù, māo huòzhě gǒu.	*Ich möchte ein Haustier halten: eine Katze oder einen Hund.*
星期天我们经常去公园或者去看电影。	Xīngqītiān wǒmen jīngcháng qù gōngyuán huòzhě qù kàn diànyǐng.	*Sonntags gehen wir oft in den Park oder ins Kino.*

并且 bìngqiě hat neben *und* auch die Bedeutung von *und darüber hinaus,* bzw. *dazu*.

他这次去中国见到了老朋友，并且结识了新朋友。	Tā zhè cì qù Zhōngguó jiàndàole lǎo péngyou, bìngqiě jiéshíle xīn péngyou.	*Dieses Mal hat er in China alte Freunde getroffen, und außerdem hat er neue Freunde kennengelernt.*

而且 érqiě bedeutet *und, sondern auch* und steht deshalb oft in Verbindung mit Konjunktionen der Bedeutung *nicht nur*.

这间房间不仅宽敞，而且明亮。	Zhè jiān fángjiān bùjǐn kuānchang, érqiě míngliàng.	*Dieses Zimmer ist groß und hell. (wörtl.: Dieses Zimmer ist nicht nur groß, sondern auch hell.)*
他不但会讲汉语，而且会用汉语写文章。	Tā bùdàn huì jiǎng Hànyǔ, érqiě huì yòng Hànyǔ xiě wénzhāng.	*Er kann nicht nur Chinesisch sprechen, sondern er kann auch Artikel auf Chinesisch schreiben.*

而 ér bedeutet *und, aber*.

大家都同意这个方案，而他却表示反对。	Dàjiā dōu tóngyì zhè ge fāng'àn, ér tā què biǎoshì fǎnduì.	*Alle sind für diesen Entwurf, nur er ist dagegen.*
这种茶香浓而不苦涩。	Zhè zhǒng chá xiāng nóng ér bù kǔsè.	*Dieser Tee ist aromatisch und stark, aber nicht bitter und herb.*

Konjunktion zur Verbindung von Sätzen

Es gibt auch Konjunktionen, die oft zur Verbindung von Sätzen dienen. Die wichtigsten Konjunktionen dieser Gruppe sind:

不但	bùdàn	*nicht nur*	虽然	suīrán	*obwohl*
而且	érqiě	*sondern auch*	可是	kěshì	*aber*
不管	bùguǎn	*wenn auch*	尽管	jǐnguǎn	*obgleich*
即使	jíshǐ	*selbst wenn*	因为，由于	yīnwèi, yóuyú	*weil*
如果	rúguǒ	*wenn, falls*	所以	suǒyǐ	*deshalb*
只有	zhǐyǒu	*nur wenn*	何况	hékuàng	*erst recht*
然而	rán'ér	*aber, doch, dennoch*	以致	yǐzhì	*sodass, folglich*

Die satzverbindenden Konjunktionen werden ähnlich verwendet wie im Deutschen. Durch diese Konjunktionen können verschiedene logische Beziehungen ausgedrückt werden (siehe Kapitel 14).

Kennzeichnung des Zwecks

为了学习汉语，她来到了中国。	Wèile xuéxí Hànyǔ, tā lái dàole Zhōngguó.	*Um Chinesisch zu lernen, ist sie nach China gekommen.*

Kennzeichnung der Bedingung

如果明天下雨，我们将不去郊游。	Rúguǒ míngtiān xià yǔ, wǒmen jiāng bù qù jiāo yóu.	*Falls es morgen regnet, werden wir keinen Ausflug machen.*

Kennzeichnung der Begründung

因为今春温度太低，所以花儿开得较晚。	Yīnwèi jīnchūn wēndù tài dī, suǒyǐ huār kāi de jiào wǎn.	*Weil die Temperatur in diesem Frühling zu niedrig war, hat die Blüte später begonnen.*
由于下大雨，足球赛改期。	Yóuyú xià dàyǔ, zúqiúsài gǎiqī.	*Weil es stark regnet, wird das Fußballmatch verschoben.*

Kennzeichnung der Einräumung

尽管这是一个小城，但是交通很方便。	Jǐnguǎn zhè shì yī ge xiǎo chéng, dànshì jiāotōng hěn fāngbiàn.	*Obwohl diese Stadt klein ist, sind die Verkehrsverbindungen sehr gut.*
虽然这所大学不大，但是专业齐全。	Suīrán zhè suǒ dàxué bù dà, dànshì zhuànyè qí quán.	*Obwohl diese Universität nicht sehr groß ist, hat sie dennoch eine reiche Auswahl an Fächern.*

助词 zhùcí – *Partikeln*

Partikeln drücken im Satz eine syntaktische Funktion aus (sie sind Funktionswörter) und haben keine semantische Bedeutung (d.h. sie können auch nicht ins Deutsche übersetzt werden). Sie können nicht allein stehen und werden stets unbetont ausgesprochen. Diese Partikeln kommen im Chinesischen sehr häufig vor und sind unerlässliche Satzelemente. Gemeinhin werden sie in Struktur-, Aspekt- und Modalpartikeln unterteilt.

Strukturpartikeln

Die drei Strukturpartikeln 的 de, 地 de, 得 de werden gleich ausgesprochen, aber unterschiedlich geschrieben und haben auch unterschiedliche Funktionen.

的 de

Die Strukturpartikel 的 de wird dann eingesetzt, wenn ein Substantiv näher beschrieben oder bestimmt wird. Das Substantiv, das beschrieben wird, steht nach 的 de. Das Attribut, welches das Substantiv beschreibt, d.h. mehr Information zum Substantiv gibt, steht immer vor 的 de.

Attribut	的 de	Substantiv
漂亮	的	姑娘
piàoliang	de	gūniang
(ein) hübsches		*Mädchen*

Das Substantiv *Mädchen* wird durch *hübsch* beschrieben. *Mädchen* steht deshalb nach 的 de, *hübsch* steht vor dem Substantiv und wird mit 的 de markiert.

Das beschriebene Substantiv kann wie im Deutschen wegfallen, wenn klar ist, wovon gesprochen wird – 的 de muss in einem solchen Ausdruck jedoch stehen.

开的是爸爸的车。	Kāi de shì bàba de chē.	*Das Auto, das gefahren wird, ist das Auto vom Vater.*
坐在他旁边的是他的老师。	Zuò zài tā pángbiān de shì tā de lǎoshī.	*Derjenige, der neben ihm sitzt, ist sein Lehrer. (wörtl.: der neben ihm Sitzende)*
他今天穿红的。	Tā jīntiān chuān hóng de.	*Er trägt heute den roten. (z.B. den roten Pullover)*

Das Attribut kann aus einem Adjektiv, einem Substantiv, einem Zahl-/Zähleinheitswort oder einem Verb mit Subjekt oder mit Objekt bestehen.

Adjektiv als Attribut

Wenn ein Adjektiv ein Substantiv beschreibt, muss zwischen dem Adjektiv und dem Substantiv ein 的 de stehen, außer wenn das Adjektiv einsilbig ist (siehe Kapitel 4). Im Deutschen steht das Adjektiv ebenfalls vor dem Substantiv, das es beschreibt.

她是一位漂亮的姑娘。	Tā shì yī wèi piàoliang de gūniang.	*Sie ist ein hübsches Mädchen.*
他们都有一段美好的回忆。	Tāmen dōu yǒu yī duàn měihǎo de huíyì.	*Sie haben alle eine schöne Erinnerung.*
美丽的景色使人流连忘返。	Měilì de jǐngsè shǐ rén liúlián wàngfǎn.	*Die schöne Landschaft fasziniert jede:n.*

Substantiv als Attribut

Bezeichnet ein Substantiv eine Zugehörigkeit, einen Besitz, steht 的 de nach diesem Substantiv. Im Deutschen wird diese Konstruktion mit dem Genitiv oder mit *von* übersetzt.

邻居的孩子很聪明。	Línjū de háizi hěn cōngming.	*Das Kind des Nachbarn ist klug. (wörtl.: Nachbars Kind)*
她拉姐姐的小提琴。	Tā lā jiějie de xiǎotíqín.	*Sie spielt auf der Geige von ihrer Schwester. (wörtl.: auf Schwesters Geige)*
她是我朋友的太太。	Tā shì wǒ péngyou de tàitai.	*Sie ist die Frau von meinem Freund. (wörtl.: meines Freundes Frau)*

Dem deutschen Possessivpronomen entspricht im Chinesischen eine Bildung vom Personalpronomen mit 的 de. Bei verwandtschaftlichen oder sonstwie nahen Beziehungen (mein Vater, seine Schwester, ihr Freund etc.) kann 的 de wegfallen.

她的包被偷了。	Tā de bāo bèi tōule.	*Ihre Tasche ist gestohlen worden.*
他们的火车五点开。	Tāmen de huǒchē wǔ diǎn kāi.	*Ihr Zug fährt um 17 Uhr.*
我妹妹是大夫。	Wǒ mèimei shì dàifu.	*Meine Schwester ist Ärztin.*

Zahl-/Zähleinheitswort als Attribut

Erklären die Zahl-/Zähleinheitswörter ein Bezugswort, wird 的 de verwendet (vergleiche Kapitel 5).

那是一本一百多页的书。	Nà shì yī běn yī bǎi duō yè de shū.	*Jenes Buch hat mehr als hundert Seiten. (wörtl.: Jenes ist ein über hundertseitiges Buch.)*

Demonstrativ- und Interrogativpronomen als Attribute

这样的树很少见。	Zhèyàng de shù hěn shǎo jiàn.	*Diese Baumart ist sehr selten. (wörtl.: Diese Art Baum ist sehr selten.)*
这是谁的书?	Zhè shì shúi de shū?	*Wem gehört dieses Buch? (wörtl.: Wessen Buch ist das?)*

Verb, Subjekt+Verb oder Verb+Objekt als Attribut

这是借的书。	Zhè shì jiè de shū.	*Das ist ein ausgeliehenes Buch.*
骑车的那个人是我的老师。	Qí chē de nà ge rén shì wǒ de lǎoshī.	*Jener Mann, der Fahrrad fährt, ist mein Lehrer.*
这是一首贝多芬创作的交响曲。	Zhè shì yī shǒu Bèiduōfēn chuàngzuò de jiāoxiǎngqǔ.	*Das ist eine Symphonie, die Beethoven komponiert hat. (wörtl.: Das ist eine von Beethoven komponierte Symphonie.)*

Was also im Deutschen mit einem Relativsatz wiedergegeben wird, wird im Chinesischen ebenfalls mit 的 de gebildet.

Präpositionalgefüge als Attribut

我们对这个问题的看法不一致。	Wǒmen duì zhè ge wèntí de kànfǎ bù yīzhì.	*Wir haben nicht die gleiche Meinung zu diesem Problem. (oder: Unsere Meinung zu diesem Problem ist unterschiedlich.)*

In diesem Beispiel wird *Meinung* näher beschrieben.

地 de

Mit der Strukturpartikel 地 de werden vor allem aus Adjektiven oder aus einigen zweisilbigen Adverbien Adverbiale gebildet. Eine Handlung oder ein Zustand wird beschrieben. 地 de steht vor dem Verb.

火车飞快地开来。	Huǒchē fēikuài de kāilai.	*Der Zug kommt sehr schnell angefahren.*
他耐心地解答每一个问题。	Tā nàixīn de jiědá měi yī ge wèntí.	*Er beantwortet geduldig jede Frage.*
天渐渐地暗下来。	Tiān jiànjiàn de àn xiàlai.	*Es wird allmählich dunkel.*
他不时地提问。	Tā bù shí de tí wèn.	*Er stellt ab und zu eine Frage.*

地 de kann aber auch in Verbindung mit anderen Wortarten wie einem Substantiv oder einem Verb ein Adverbial bilden.

我们要理性地处理这件事。	Wǒmen yào lǐxìng de chùlǐ zhè jiàn shì.	*Wir sollten diese Sache mit Vernunft angehen.*
她注意地看着我。	Tā zhùyì de kànzhe wǒ.	*Sie sieht mich aufmerksam an.*

Ist das Adjektiv in adverbialer Funktion einsilbig, so steht kein 地 de.

学习外语要多说，多听。	Xuéxí wàiyǔ yào duō shuō, duō tīng.	*Lernt man Fremdsprachen, so sollte man viel sprechen und viel hören.*
快跑！	Kuài pǎo!	*Lauf schnell!*

Ist das Adjektiv aber selbst durch ein Adverbial erweitert, muss 地 de stehen.

他希望以后能更好地研究中国文化。	Tā xīwàng yǐhòu néng gēng hǎo de yánjiū Zhōngguó wénhuà.	*Er hofft, die chinesische Kultur später einmal besser erforschen zu können.*
他们很快地做完了练习。	Tāmen hěnkuài de zuòwánle liànxí.	*Sie haben die Übungen sehr schnell fertig gemacht.*

得 de

Das Prädikat eines Satzes wird durch eine Ergänzung erklärt. Mit der Strukturpartikel 得 de wird eine Ergänzung an ein Prädikat angeschlossen. Die Ergänzungen bestehen aus Verben oder Adjektiven und drücken Art, Grad oder Möglichkeit aus (siehe Kapitel 12, Ergänzung).

黑马比白马跑得快。	Hēi mǎ bǐ bái mǎ pǎo de kuài.	*Das schwarze Pferd läuft schneller als das weiße.*
她唱得很好听。	Tā chàng de hěn hǎotīng.	*Sie singt sehr schön.*
这本书我今天看得完。	Zhè běn shū wǒ jīntiān kàn de wán.	*Dieses Buch werde ich heute fertig lesen können.*
山顶冷得出奇。	Shāndǐng lěng de chūqí.	*Auf dem Berggipfel ist es außergewöhnlich kalt.*

Wird ein Verb durch ein Objekt ergänzt, gibt es drei Möglichkeiten, dies zu formulieren:

他说汉语说得很流利。	Tā shuō Hànyǔ shuō de hěn liúlì.	*Er spricht fließend Chinesisch.*
汉语他说得很流利。	Hànyǔ tā shuō de hěn liúlì.	*Chinesisch spricht er fließend.*
他汉语说得很流利。	Tā Hànyǔ shuō de hěn liúlì.	*Er spricht fließend Chinesisch.*

In der ersten Variante muss das Verb wiederholt werden, weil das Objekt nach dem Verb steht. Dahingegen steht das Objekt in der zweiten Variante vor dem Verb. Deshalb wird das Verb nicht wiederholt. Gleichzeitig hebt die zweite Variante das Objekt besonders hervor und kommt vor allem bei Vergleichen vor. Auch in der dritten Variante steht das Objekt vor dem Verb. Sie ist die einfachste und die am häufigsten verwendete.

Ergänzungen mit 得 de beziehen sich auf eine gesamte Handlung, wohingegen bei einem Adverbial mit 地 de die Art und Weise der Handlung (das Adverb) hervorgehoben wird. Im Unterschied zur Strukturpartikel 地 de, die sich auch auf eine Handlung, die noch nicht stattgefunden hat, beziehen kann, betreffen Ergänzungen mit 得 de meistens eine Handlung, die bereits stattgefunden hat oder häufig stattfindet.

我要认真地学汉语。	Wǒ yào rènzhēn de xué Hànyǔ.	*Ich will ernsthaft Chinesisch lernen.*
他学得很认真。	Tā xué de hěn rènzhēn.	*Er lernt ernsthaft Chinesisch./ Er hat ernsthaft Chinesisch gelernt.*

Anmerkung: Das Verb mit 得 de kann nicht zusammen mit den Aspektpartikeln 着 zhe, 了 le und 过 guo verwendet werden.

Aspektpartikeln

Im Chinesischen kann man die Zeitstufe nur aus dem Kontext, in dem eine Aussage gemacht wird, erkennen. Es gibt kein Tempus. Mit den Aspektpartikeln 着 zhe, 了 le und 过 guo werden Aspekte ausgedrückt, unter denen eine Handlung betrachtet wird. Die Aspektpartikeln stehen nach einem Verb oder einem Adjektiv und bringen Dauer einer Handlung, Vollendung einer Handlung oder eines Zustandes sowie Veränderung eines Zustandes zum Ausdruck. Sie kommen unabhängig von der Zeitstufe einer Handlung vor, d.h. sie können für Handlungen in der Vergangenheit, in der Gegenwart oder in der Zukunft verwendet werden.

着 zhe

Das Andauern einer Handlung oder die Dauer eines Zustandes wird durch die Aspektpartikel 着 zhe gekennzeichnet. 着 zhe wird direkt ans Verb angehängt.

着 zhe kommt oft mit 正 zhèng *gerade* oder 正在 zhèngzài *gerade am* sowie mit der Partikel 呢 ne vor (siehe Kapitel 10). Im Deutschen könnte man das Verb mit 着 zhe in gewissen Fällen als Partizip I verstehen.

桌上放着三本书。	Zhuōshàng fàngzhe sān běn shū.	*Auf dem Tisch liegen drei Bücher.*
天正下着雨。	Tiān zhèng xiàzhe yǔ.	*Es regnet gerade.*
顶着风，他们用力划着船。	Dǐngzhe fēng, tāmen yòng lì huázhe chuán.	*Mit voller Kraft rudern sie gegen den Wind. (wörtl.: sich dem Wind widersetzend)*
他昨天就是戴着这顶帽子去打网球的。	Tā zuótiān jiùshì dàizhe zhè dǐng màozi qù dǎ wǎngqiú de.	*Er ist gestern mit genau dieser Mütze Tennis spielen gegangen. (wörtl.: diese Mütze tragend)*
我明天将带着我的孩子去拜访他。	Wǒ míngtiān jiāng dàizhe wǒ de háizi qù bàifǎng tā.	*Morgen werde ich ihn mit meinem Kind besuchen. (wörtl.: das Kind mitnehmend)*

了 le

了 le ist eine der häufigsten, aber auch eine der umstrittensten Partikeln im Chinesischen. Hier wurde die gängige Einteilung von 了 le in Aspekt- und Modalpartikeln übernommen (siehe unten). Die beiden Funktionen überschneiden sich manchmal. Der Gebrauch und die eigentliche Funktion dieser Partikeln wird unter Linguistik-Fachleuten heftig diskutiert.

Die Aspektpartikel 了 le steht nach einem Verb. Sie kennzeichnet, dass die Handlung abgeschlossen ist. Im Deutschen übersetzt man dies meist mit Perfekt.

昨天老师给我们讲了一段中国的历史。	Zuótiān lǎoshī gěi wǒmen jiǎngle yī duàn Zhōngguó de lìshǐ.	*Gestern hat der Lehrer uns über chinesische Geschichte erzählt.*
他念了一首诗。	Tā niànle yī shǒu shī.	*Er hat ein Gedicht rezitiert.*

Der Abschluss einer Handlung kann auch ohne 了 le ausgedrückt werden, wenn in der Aussage z.B. eine Zeitangabe der Vergangenheit vorkommt.

了 le wird aber auch verwendet, wenn ausgedrückt werden soll, dass eine zukünftige Handlung abgeschlossen sein wird.

明天下了班，我就去理发。	Míngtiān xiàle bān, wǒ jiù qù lǐfà.	*Morgen werde ich nach der Arbeit zum Friseur gehen.*

Im obigen Beispielsatz wird mit 了 le ein Ereignis gekennzeichnet, das abgeschlossen wird, bevor das neue Ereignis eintreten kann: Ich muss zuerst Feierabend haben, bevor ich zum Friseur gehen kann.

Werden zwei aufeinanderfolgende Handlungen erwähnt, wird mit 了 le ausgedrückt, ob nur eine oder beide Handlungen abgeschlossen sind.

我买了菜就回家。	Wǒ mǎile cài jiù huí jiā.	*Nach dem Einkaufen gehe ich nach Hause. (wörtl.: nachdem ich eingekauft habe)*
我买了菜就回家了。	Wǒ mǎile cài jiù huí jiā le.	*Nach dem Einkaufen bin ich nach Hause gegangen.*

了 le wird verwendet, wenn eine neue Handlung beginnt, nachdem eine andere vollendet ist.

他听到了电话铃声，赶快拿起电话。	Tā tīngdàole diànhuà língshēng, gǎnkuài ná qǐ diànhuà.	*Hat er das Klingeln des Telefons gehört, nimmt er sofort den Hörer ab.*

Ist ein Objekt nicht erweitert (z.B. durch ein Zahl-/Zähleinheitswort oder ein Demonstrativpronomen) und folgt auch keine anschließende Handlung, so muss die Aspektpartikel 了 le am Satzende stehen. Ansonsten wirkt die Aussage unfertig.

他吃了饭 ...	Tā chīle fàn ...	*er hat gegessen ... (und dann?)*
他吃了一顿饭。	Tā chīle yī dùn fàn.	*Er hat eine Mahlzeit gegessen.*
他吃了饭就走了。	Tā chīle fàn jiù zǒu le.	*Er ist nach dem Essen gegangen.*

Die Verneinung der abgeschlossenen Handlung wird mit 没(有) méi(yǒu) gebildet, wobei 了 le weggelassen wird. 没(有) méi(yǒu) steht vor dem Verb.

我没去。	Wǒ méi qù.	*Ich bin nicht hingegangen.*

Fragesätze werden mit 吗 ma oder 没(有) méi(yǒu) gebildet. Auch Fragen mit der bejahten und verneinten Form des Verbs können verwendet werden, wobei auch hier 没 méi als Negation steht.

你去了吗?	Nǐ qùle ma?	*Bist du hingegangen?*
你去了没有?	Nǐ qùle méiyǒu?	*Bist du hingegangen?*
你去没去?	Nǐ qù méi qù?	*Bist du hingegangen?*

了 le kann nicht nach allen Verben stehen, insbesondere nicht nach Verben, die eine gewohnheitsmäßige Handlung, einen Zustand oder eine andauernde Handlung ausdrücken.

过 guo

Mit 过 guo wird ausgedrückt, dass ein bestimmtes Ereignis in der Vergangenheit schon (mindestens) einmal stattgefunden hat oder eine Erfahrung bereits gemacht wurde. Die Aspektpartikel 过 guo wird direkt an das Verb angehängt. Im Deutschen braucht man oft die Ausdrücke *schon, schon mal*. In Sätzen mit 过 guo wird das Objekt oft an den Satzanfang gestellt und so etwas hervorgehoben.

我去过中国。	Wǒ qùguo Zhōngguó.	*Ich war schon mal in China.*
这些练习我们做过。	Zhè xiē liànxí wǒmen zuòguo.	*Diese Übungen haben wir schon mal gemacht.*
上个世纪三十年代他曾在上海住过。	Shàng ge shìjì sānshí niándài tā céng zài Shànghǎi zhùguo.	*In den dreißiger Jahren des letzten Jahrhunderts hat er in Shanghai gelebt.*

Die Verneinung von 过 guo wird mit 没(有) méi(yǒu) gebildet. Im Unterschied zur Verneinung der Aspektpartikel 了 le bleibt 过 guo stehen. Im Deutschen wird die verneinte Form oft mit *(noch) nie* wiedergegeben.

我没(有)去过中国。	Wǒ méi(yǒu) qùguo Zhōngguó.	*Ich war noch nie in China.*

Bei Fragesätzen mit 过 guo kann auch 没(有) méi(yǒu) verwendet werden.

你去过中国吗?	Nǐ qùguo Zhōngguó ma?	*Warst du schon mal in China?*
你去过中国没有?	Nǐ qùguo Zhōngguó méiyǒu?	*Warst du schon mal in China?*

Modalpartikeln

Modalpartikeln werden bei der Bildung von Aussage-, Frage- und Aufforderungssätzen eingesetzt. Sie stehen immer am Satzende und beziehen sich auf den ganzen Satz.

Modalpartikeln im Aussagesatz

Die Partikeln dieser Gruppe sind 的 de, 呢 ne und 了 le.

的 de

Mit 的 de am Satzende wird eine Aussage unterstrichen.

她一定不会迟到的。	Tā yīdìng bù huì chídào de.	*Sie wird sich bestimmt nicht verspäten.*
他会完成任务的。	Tā huì wánchéng rènwù de.	*Er kann diese Aufgabe erledigen.*

了 le

Im Gegensatz zur Aspektpartikel 了 le steht die Modalpartikel 了 le immer am Satzende. Mit 了 le wird ausgedrückt, dass die Aussage als Ganzes abgeschlossen ist. 了 le kann aber auch eine Veränderung einer Situation oder einen neuen Zustand ausdrücken.

我儿子今年五岁了。	Wǒ érzi jīnnián wǔ suì le.	*Mein Sohn ist in diesem Jahr fünf geworden.*
他去学校了。	Tā qù xuéxiào le.	*Er ist zur Schule gegangen.*

Wie bei der Aspektpartikel 了 le steht bei der Verneinung der Modalpartikel 了 le 没(有) méi(yǒu) als Negation vor dem Verb, und das 了 le am Satzende fällt weg. Im Fragesatz kann 吗 ma oder 没有 méiyǒu verwendet werden.

你收到我给你寄的邮包了吗? 没有收到。	Nǐ shōudào wǒ gěi nǐ jì de yóubāo le ma? Méiyǒu shōudào.	*Hast du das Paket, das ich dir geschickt habe, erhalten?* *Nein, ich habe es nicht erhalten.*

Veränderter Zustand

Mit 了 le kann auch ausgedrückt werden, dass sich ein Zustand verändert hat. Bei Aussagen über das Wetter oder über Krankheitszustände wird dieses 了 le am häufigsten eingesetzt.

今天天晴了。	Jīntiān tiān qíng le.	*Heute ist es sonnig. (im Gegensatz zu gestern)*
他病了。	Tā bìng le.	*Er ist krank. (vorher war er gesund)*

Mit 了 le kann auch Drängen, Überredung oder Ermahnung ausgedrückt werden.

走了，走了，我们不能再等了！	Zǒu le, zǒu le, wǒmen bù néng zài děng le!	*Gehen wir! Wir können nicht mehr länger warten.*
好了，不要说了！	Hǎo le, bù yào shuō le!	*Schon gut, sprechen wir nicht mehr davon!*

Verneint man ein Ereignis, das eine Veränderung ausdrückt, wird 不 bù mit 了 le verwendet.

他在学习，我不想去打搅他了。	Tā zài xuéxí, wǒ bù xiǎng qù dǎjiǎo tā le.	*Er ist am Lernen. Ich möchte ihn jetzt nicht stören.*
我不去了。	Wǒ bù qù le.	*Ich gehe doch nicht. (ich hatte vor, hinzugehen)*

Vergleiche dazu:

我没去。	Wǒ méi qù.	*Ich bin nicht hingegangen.*

Aspektpartikel 了 le oder Modalpartikel 了 le

Die Aspektpartikel 了 le und die Modalpartikel 了 le werden zwar gleich ausgesprochen, aber sie haben eine unterschiedliche Stellung, grammatische Funktion und Bedeutung im Satz. Meist wird die Deutung der Partikel 了 le nur im Kontext klar.

昨天下了一场雪。	Zuótiān xià le yī chǎng xuě.	*Gestern hat es geschneit.*
下雪了。	Xià xuě le.	*Es schneit.*

Der erste Satz bringt zum Ausdruck, dass es gestern geschneit hat und es jetzt aufgehört hat zu schneien. Im zweiten Satz wird ausgedrückt, dass das Wetter sich verändert hat und jetzt Schnee fällt.

Die Aspektpartikel 了 le gleich nach dem Verb und die Modalpartikel 了 le am Satzende können im selben Satz vorkommen.

他学了两年日语。	Tā xuéle liǎng nián Rìyǔ.	*Er hat zwei Jahre Japanisch gelernt.*
他学了两年日语了。	Tā xuéle liǎng nián Rìyǔ le.	*Er lernt seit zwei Jahren Japanisch.*

Der erste Satz besagt, dass die Handlung, 学日语 xué Rìyǔ *Japanisch lernen* im vergangenen Zeitraum 两年 liǎng nián *zwei Jahre* abgeschlossen ist. Der zweite Satz besagt, dass die Handlung vom Anfang bis jetzt gedauert hat. Gleichzeitig bietet der zweite Satz je nach dem Kontext noch mehr Information. Er könnte bedeuten, dass er immer noch nicht Japanisch sprechen kann, obwohl er schon seit zwei Jahren Japanisch gelernt hat. Er könnte auch bedeuten, dass er zwei Jahre Japanisch gelernt hat und immer noch am Lernen ist.

呢 **ne**

Mit 呢 ne am Satzende wird eine andauernde Handlung oder ein andauernder Zustand bezeichnet. In Sätzen mit 呢 ne kommen oft gleichzeitig die Aspektpartikel 着 zhe oder die Ausdrücke 正 zhèng oder 正在 zhèngzài vor.

下着雨呢！不要走吧！	Xiàzhe yǔ ne! Bù yào zǒuba!	*Es regnet. Bitte geh nicht!*
他们正在看书呢！	Tāmen zhèngzài kàn shū ne!	*Sie sind gerade am Lesen!*
那儿可热呢！	Nàr kě rè ne!	*Es ist dort sehr heiß!*

Modalpartikeln im Fragesatz

Drei Fragepartikeln sind gebräuchlich: 吗 ma, 吧 ba und 呢 ne.

吗 **ma**

Eine Entscheidungsfrage (also eine Frage, die mit *ja* oder *nein* beantwortet werden kann) kann gebildet werden, indem man 吗 ma ans Ende eines Aussagesatzes stellt. Frage- und Aussagesatz bleiben von der Wortstellung unverändert.

他是学生吗? 他是学生。	Tā shì xuésheng ma? Tā shì xuésheng.	*Ist er Student?* *Er ist Student.*
你习惯吃中国菜吗?	Nǐ xíguàn chī Zhōngguó cài ma?	*Bist du an das chinesische Essen gewöhnt?*

吧 ba

Mit der Satzpartikel 吧 ba wird eine Vermutung oder Erwartung des Sprechers ausgedrückt. Im Deutschen wird dies deshalb oft mit *doch* oder *wohl* wiedergegeben. Meist wird eine bejahte Antwort erwartet.

你是乘飞机去北京的吧?	Nǐ shì chéng fēijī qù Běijīng de ba?	*Du bist doch mit dem Flugzeug nach Peking geflogen?*
现在是下午三点钟了吧?	Xiànzài shì xiàwǔ sān diǎn zhōng le ba?	*Es ist jetzt wohl drei Uhr nachmittags?*

呢 ne

呢 ne wird einerseits in Fragesätzen mit einem Fragepronomen verwendet und unterstreicht die Frage.

我们在哪儿约会呢?	Wǒmen zài nǎr yuēhuì ne?	*Wo verabreden wir uns?*

Andererseits werden mit 呢 ne sogenannte elliptische Fragen gebildet. Solche Fragen beziehen sich auf eine vorhergehende Frage oder Aussage. Im Deutschen wird dies mit *und* wiedergegeben.

假期里我去瑞士滑雪。你呢?	Jiàqīli wǒ qù Ruìshì huá xuě. Nǐ ne?	*In den Ferien gehe ich in die Schweiz Ski fahren. Und du?*

Modalpartikeln im Aufforderungssatz

Häufige Imperativpartikeln sind 吧 ba, 啊 a und 呀 ya.

吧 ba

吧 ba wird nicht nur im Fragesatz verwendet, sondern auch im Aufforderungssatz, um einen Vorschlag, eine Bitte, eine Aufforderung oder einen Befehl auf freundliche Weise auszudrücken.

我们走吧！	Wǒmen zǒu ba!	*Lasst uns gehen!*
好吧，就这么办吧！	Hǎo ba, jiù zhème bàn ba!	*In Ordnung! Mach's mal so!*

啊 a

Mit 啊 a am Satzende wird eine Aufforderung unterstrichen.

别忙啊！	Bié máng a!	*Mach dir nicht so viel Mühe!*
别把收音机开这么响啊！	Bié bǎ shōuyīnjī kāi zhème xiǎng a!	*Stell das Radio nicht so laut!*

呀 ya

Folgt die Modalpartikel 啊 a auf Wörter, die auf einen Vokal enden, passt sie sich phonetisch an und verwandelt sich in 呀 ya.

别着急呀！	Bié zháojí ya!	*Sei ruhig und unbesorgt!*
大家快来呀！	Dàjiā kuài lái ya!	*Kommt alle mal her!*

叹词 tàncí – *Interjektion*

Mit Interjektionen werden Empfindungen ausgedrückt, z.B. Bewunderung, Erstaunen, Zweifel etc. Interjektionen sind im Allgemeinen syntaktisch isoliert, d.h. sie stehen selbstständig vor dem Satzanfang und werden mit einer Pause (in der geschriebenen Form ausgedrückt durch ein Komma) vom folgenden Satz getrennt.

Manche Interjektionen können in verschiedenen Tonlagen gesprochen werden und haben dann auch verschiedene Bedeutungen.

Ausdruck von Bewunderung und Erstaunen

啊，天气真好！	À, tiānqì zhēn hǎo!	*Ah, wie schön ist das Wetter!*
哎呀，下雪了。	Āiya, xià xuě le.	*Oh, es schneit.*
呀，你来了！	Yā, nǐ lái le!	*Ah, du bist gekommen!*
嗯，他怎么又不见了？	Ńg, tā zěnme yòu bù jiàn le!	*Na, ist er schon wieder weg?*

Ausdruck leichten Erstaunens

哟，你怎么了？	Yō, nǐ zěnme le?	*Oh, was ist los mit dir?*
哟，你会烧中国菜！	Yō, nǐ huì shāo Zhōngguó cài!	*Oh! Du kannst chinesisch kochen!*

Ausdruck einer eingehenden Erkundigung

啊?你说什么?	Á? Nǐ shuō shénme?	*Was? Was hast du gesagt?*

Ausdruck von Zweifel

啊，这幢高楼大厦只用了半年就造好啦?	Ǎ, zhè zhuàng gāolóu dàshà zhǐ yòngle bān nián jiù zàohǎo la?	*Was, dieses Gebäude ist innerhalb eines halben Jahres fertig gebaut worden?*
哦！他怎么会搬家了呢?	Ó! Tā zěnme huì bàn jiā le ne?	*Ach, wie kann es sein, dass er umgezogen ist?*
嗯，你说什么?	Ńg, nǐ shuō shénme?	*Wie bitte? Was sagst du?*

Ausdruck von Verständnis

哦，我现在想起来了。	Ò, wǒ xiànzài xiǎng qǐlái le.	*Ah! Jetzt fällt es mir wieder ein!*
哦，我懂了。	Ò, wǒ dǒng le.	*Ah! Ich verstehe.*
哦，是那么一回事。	Ò, shì nàme yī huí shì.	*Ah, so ist das.*
啊，原来如此！	À, yuánlái rúcǐ!	*Ach so! (à wird lang gesprochen)*

Ausdruck von Zurufen und Antwort

喂，你上哪儿去?	Wèi, nǐ shàng nǎr qù?	*Hallo, wo gehst du hin?*
喂，喂，你听到我的声音吗? 嗯，我听到了。	Wèi, wèi, nǐ tīngdào wǒ de shēngyīn ma? Ǹg, wǒ tīngdào le.	*Hallo, hallo, hörst du mich?* *Ja, ich höre dich.*
把门关上！ 唉/嗯。	Bǎ mén guānshang! Ài/Ǹg.	*Mach die Tür zu!* *Jawohl.*
啊，好吧！	À, hǎo ba!	*Na gut!*

Ausdruck von Traurigkeit oder Bitterkeit

唉，不去想它了！	Ài, bù qù xiǎng tā le!	*Ach, denke nicht darüber nach!*
唉，这日子真艰难！	Ài, zhè rìzi zhēn jiānnán!	*Ach, ist das Leben schwer!*
喔哟，好痛！	Ōyō, hǎo tòng!	*Aua! Das tut weh!*

Ausdruck von Verachtung

哼，你信他的！	Hng, nǐ xìn tā de!	*Hm, und du glaubst ihm das!*
呸，胡说八道！	Pēi, húshuō bādào!	*Pah! Unsinn!*

12 单句 dānjù – *Der einfache Satz*

Die Bestandteile eines einfachen Satzes im Chinesischen sind im Wesentlichen folgende: Subjekt, Prädikat, Objekt, Attribut, Adverbial und Ergänzung. Das Hauptelement des chinesischen Satzes ist das Prädikat.

Die Satzstellung im Einfachsatz ist im Allgemeinen Subjekt-Prädikat oder Subjekt-Prädikat-Objekt. Im Chinesischen ist die Funktion eines Wortes stark durch die Position im Satz bestimmt.

Vier Satzarten werden unterschieden: Aussagesatz, Fragesatz, Aufforderungssatz und Ausrufesatz.

Aussagesatz

Wie der Name sagt, wird mit dem Aussagesatz ein Sachverhalt mitgeteilt.

Subjekt

Als Subjekt wird meist ein Substantiv oder ein Pronomen verwendet. Das Subjekt kann auch aus anderen Wortarten und Wortgruppen bestehen. Im Allgemeinen steht das Subjekt vor dem Prädikat.

汉字是世界上最老的文字之一。 (Substantiv)	Hànzì shì shìjièshàng zuì lǎo de wénzì zhī yī.	*Die chinesische Schrift ist eine der ältesten Schriften der Welt.*
她很爱看书。 (Pronomen)	Tā hěn ài kàn shū.	*Sie liest sehr gern.*
一公斤等于一千克。 (Zahl-ZEW)	Yī gōngjīn děngyú yī qiān kè.	*Ein Kilogramm ist gleich eintausend Gramm.*
花园里的花开得很茂盛。 (erweitertes Substantiv)	Huāyuánlǐ de huā kāi de hěn màoshèng.	*Die Blumen im Garten blühen üppig.*
吃樱桃的时候到了。 (erweitertes Substantiv)	Chī yīngtáo de shíhou dào le.	*Die Zeit, in der man Kirschen isst, ist da.*
和我一起打乒乓球的是我的朋友。 (erweitertes Substantiv) *	Hé wǒ yīqǐ dǎ pīngpāngqiú de shì wǒ de péngyou.	*Derjenige, der mit mir Tischtennis spielt, ist mein Freund.*

* Das eigentliche Substantiv (hier: 人 rén *Person*, vor 是 shì *sein*) kann weggelassen werden.

Es gibt im Chinesischen eine Reihe von Sätzen, die kein Subjekt enthalten. Das Substantiv vor dem Prädikat wird aber in chinesischen Grammatiken dem Subjekt zugeordnet. Bei der Übersetzung ins Deutsche wird häufig das unpersönliche *es* verwendet.

今天有一个报告会。 (Substantiv der Zeit)	Jīntiān yǒu yī ge bàogàohuì.	*Heute gibt es eine Vortragsveranstaltung.*
现在下雨了。 (Substantiv der Zeit)	Xiànzài xiàyǔ le.	*Jetzt regnet es.*

Im ersten Satz fungiert 今天 jīntiān eigentlich nicht als Subjekt, sondern als Adverbial der Zeit. Ein eigentliches Subjekt fehlt.

Darüber hinaus gibt es im Chinesischen oft Passivsätze, die wie Aktivsätze (also Subjekt-Prädikat) aufgebaut sind. Die passive Bedeutung ergibt sich nur aus dem Sinn des Satzes. Im Deutschen muss man sie ins Passiv übersetzen.

桌子擦干净了。	Zhuōzi cā gānjìng le.	*Der Tisch wurde sauber geputzt. (Nicht möglich: Der Tisch hat sauber geputzt.)*

Prädikat

Das Prädikat ist das wichtigste Element im chinesischen Satz. Es kann aus einem Verb, einer Verbgruppe oder einem Adjektiv, aber auch aus einer Zahl-ZEW-Verbindung oder aus einem Substantiv bestehen. Das Prädikat steht immer nach dem Subjekt und meist vor dem Objekt.

他读报，我听音乐。	Tā dú bào, wǒ tīng yīnyuè.	*Er liest Zeitung, ich höre Musik.*
这座山很陡。	Zhè zuò shān hěn dǒu.	*Dieser Berg ist sehr steil.*
明天十号。	Míngtiān shí hào.	*Morgen ist der Zehnte.*
今天天晴。	Jīntiān tiān qíng.	*Heute ist es sonnig.*
今天星期四。	Jīntiān xīngqīsì.	*Heute ist Donnerstag.*

Wird eine Aussage verneint, werden 不 bù oder 没(有) méi(yǒu) vor dem Verb verwendet (siehe Kapitel 3, 6).

花还没开。	Huā hái méi kāi.	*Die Blumen sind noch nicht aufgeblüht.*
这家公司不讲信用。	Zhè jiā gōngsī bù jiǎng xìnyòng.	*Diese Firma hält ihr Wort nicht.*
这种茶不错。	Zhè zhǒng chá bù cuò.	*Dieser Tee ist sehr gut. (wörtl.: nicht schlecht)*

Objekt

Im Chinesischen steht das Objekt gewöhnlich nach dem Prädikat. Ähnlich wie beim Subjekt besteht ein Objekt meist aus einem Substantiv oder einem Pronomen. Andere Wortarten und Wortgruppen können auch als Objekt fungieren.

这是一个国际性的大都市。 (erweitertes Substantiv)	Zhè shì yī ge guójìxìng de dà dūshì.	*Dies ist eine Metropole mit internationalem Charakter.*
我很久没见到他了。 (Pronomen)	Wǒ hěn jiǔ méi jiàndào tā le.	*Ich habe ihn schon lange nicht mehr gesehen.*
我买了一串香蕉。 (erweitertes Substantiv)	Wǒ mǎile yī chuàn xiāngjiāo.	*Ich habe ein paar Bananen gekauft.*
他是学计算机的。 (erweitertes Substantiv)	Tā shì xué jìsuànjī de.	*Er studiert Informatik. (wörtl.: Er ist einer, der Informatik studiert.)*

Im letzten Beispiel ist das Substantiv 人 rén *Person* bekannt und kann deshalb weggelassen werden (siehe 是 shì ... 的 de-Konstruktion, Kapitel 13).

Wie im Deutschen gibt es im Chinesischen einige Verben, die zwei Objekte haben können (siehe Kapitel 13).

王老师教我们中文。	Wáng lǎoshī jiāo wǒmen Zhōngwén.	*Herr Wang lehrt uns Chinesisch.*
他们送给我两本书。	Tāmen sòng gěi wǒ liǎng běn shū.	*Sie haben mir zwei Bücher geschenkt.*

Ergänzung

Der Terminus „Ergänzung" im Chinesischen lässt sich nicht mit dem im Deutschen gleichsetzen. Unter einer Ergänzung versteht man im Chinesischen jene Elemente, die das Prädikat im Satz ergänzen. Die Ergänzung beantwortet die Fragen *wie?*, *wie lange?* oder *wie viel?* und steht immer nach dem Prädikat, das ergänzt wird. Die Ergänzung besteht oft aus einem Verb, einem Adjektiv oder Zahl-ZEW-Verbindung. Die meisten Wortgruppen (z.B. Substantiv + Verb) können auch als Ergänzung vorkommen. Zur Bildung der Ergänzung der Möglichkeit oder des Grades wird die Strukturpartikel 得 de eingesetzt (siehe Kapitel 10).

他说汉语说得很好。	Tā shuō Hànyǔ shuō de hěn hǎo.	*Er spricht gut Chinesisch.*
那杯茶凉透了。	Nà bēi chá liáng tòu le.	*Die Tasse Tee ist ganz kalt.*
他们学汉语学了两年。	Tāmen xué Hànyǔ xuéle liǎngnián.	*Sie haben zwei Jahre Chinesisch gelernt.*

Im ersten und zweiten Beispiel sind die Ergänzungen in der deutschen Übersetzung nicht ersichtlich, sie sind Adverbiale. Im Chinesischen sind diese beiden jedoch Ergänzungen des Verbs 说 shuō und des Adjektivs 凉 liáng.

Die Ergänzungen lassen sich in folgende Arten einteilen: Ergänzung des Resultats, der Richtung, der Möglichkeit, des Grades, des Ortes und der Menge.

Ergänzung des Resultats

Mit einer Ergänzung des Resultats wird das Ergebnis einer Handlung oder einer Entwicklung dargestellt. Sie besteht aus bestimmten Verben oder Adjektiven, welche das Resultat ausdrücken (z.B. 完 wán *beenden,* 懂 dǒng *verstehen,* 到 dào *ankommen,* 好 hǎo *gut,* 清楚 qīngchǔ *deutlich*).

这些生词他都记住了。	Zhè xiē shēngcí tā dōu jìzhù le.	*Er hat die neuen Vokabeln auswendig gelernt.* (wörtl.: *Er hat sich die Vokabeln eingeprägt (mit dem Resultat), dass sie bleiben.)*
他终于找到了答案。	Tā zhōngyú zhǎodàole dá'àn.	*Er hat endlich eine Lösung gefunden.*
我吃饱了。	Wǒ chī bǎo le.	*Ich bin satt.* (wörtl.: *Ich habe gegessen (bis ich) satt bin.)*

Ergänzung der Richtung

Mit einer Ergänzung der Richtung wird eine Bewegung beschrieben. Sie besteht aus einem Verb der Richtung (siehe Kapitel 3).

太阳升起来了。	Tàiyáng shēng qǐlai le.	*Die Sonne ist aufgegangen.*
她从手提包里取出她的旅行证件。	Tā cóng shǒutíbāoli qǔchu tā de lǚxíng zhèngjiàn.	*Sie hat ihren Reisepass aus der Handtasche genommen.*

Die Ergänzung der Richtung wird oft in übertragener Bedeutung verwendet.

这道题我答出来了。	Zhè dào tí wǒ dá chūlai le.	*Diese Aufgabe habe ich richtig gelöst.*
天暗下来了。	Tiān àn xiàlai le.	*Es beginnt dunkel zu werden.*

Ergänzung der Möglichkeit

Mit der Ergänzung der Möglichkeit wird eine Möglichkeit, eine Fähigkeit oder ein Können ausgedrückt. Diese Ergänzung besteht aus den Verben der Richtung (siehe Kapitel 3) oder Adjektiven. Sie steht nach der Partikel 得 de und bei der Verneinung nach dem Adverb 不 bù. Die Ergänzung der Möglichkeit wird vor allem in der gesprochenen Sprache verwendet.

Aufbau des Satzes bei einer Ergänzung der Möglichkeit

Bejahung	Verb + 得 de + Ergänzung (Verb/Adjektiv)
Verneinung	Verb + 不 bù + Ergänzung (Verb/Adjektiv)
Frage	Verb + 得 de + Ergänzung + Verb + 不 bù + Ergänzung

Anmerkung: Oft wird ein einsilbiges Verb benutzt:

回答 huídá	答得出 dá de chu	答不出 dá bù chu	答得出答不出
antworten	kann antworten	kann nicht antworten	kann antworten oder nicht?
学习 xuéxí	学得好 xué de hǎo	学不好 xué bù hǎo	学得好学不好
lernen	kann gut lernen	kann nicht gut lernen	kann gut lernen oder nicht?

Subjekt	Prädikat	Partikel/ Adverb	Adjektiv als Ergänzung der Möglichkeit	Objekt
我	看	得/不	清	黑板上的字。
Wǒ	kàn	de/bù	qīng	hēibǎnshàng de zì.

Ich kann die Zeichen auf der Tafel deutlich sehen./
Ich kann die Zeichen auf der Tafel nicht deutlich sehen.

Subjekt	Prädikat	Partikel/Adverb	Verb als Ergänzung der Möglichkeit
他	爬	得/不	上去。
Tā	pá	de/bù	shàngqù.

Er kann hinaufklettern./
Er kann nicht hinaufklettern.

Ergänzung des Grades

Mit der Ergänzung des Grades wird das Ausmaß einer Handlung oder eines Zustands beschrieben. Die Ergänzung besteht vor allem aus Adjektiven und Adverbien sowie Wortgruppen. Zwischen dem Verb und der Ergänzung des Grades wird im Allgemeinen die Strukturpartikel 得 de eingesetzt. Bei den Ergänzungen 极 jí *extrem*, 死 sǐ *sterben*, 坏 huài *schlecht*, 透 tòu *durch und durch* wird 得 de nicht verwendet.

Aufbau des Satzes bei einer Ergänzung mit einem Adjektiv

Bejahung	Verb + 得 de + Adjektiv
Verneinung	Verb + 得 de 不 bù + Adjektiv
Frage	Verb + 得 de + Adjektiv 不 bù + Adjektiv

Subjekt	Prädikat	Partikel	Adjektiv als Ergänzung des Grades
你	来	得	太晚。
Nǐ	lái	de	tài wǎn.
Du bist zu spät gekommen.			

Subjekt	Prädikat	Partikel	Adverb	Adjektiv als Ergänzung des Grades
你	来	得	不	晚。
Nǐ	lái	de	bù	wǎn.
Du bist nicht spät gekommen.				

Subjekt	Prädikat	Adverb als Ergänzung des Grades	Partikel
她	高兴	极	了。
Tā	gāoxìng	jí	le.
Sie freut sich extrem.			

他骑自行车骑得很快。	Tā qí zìxíngchē qí de hěn kuài.	*Er fährt sehr schnell Fahrrad.*
她紧张得喘不过气来。(Wortgruppe)	Tā jǐnzhāng de chuǎn bù guò qì lai.	*Sie ist vor Aufregung ganz außer Atem.*
她疼得站不起来。(Wortgruppe)	Tā téng de zhàn bù qǐlai.	*Vor Schmerz kann sie nicht aufstehen.*
他每天起得很早。	Tā měi tiān qǐ de hěn zǎo.	*Er steht jeden Morgen sehr früh auf.*
我累死了。	Wǒ lèisǐ le.	*Ich bin todmüde.*
他吓坏了。	Tā xiàhuài le.	*Er ist furchtbar erschrocken.*

Ergänzung des Ortes

Wie der Name bereits sagt, wird mit dieser Ergänzung der Ort einer Handlung dargestellt. Die Ergänzung besteht aus einem Präpositionalgefüge (z.B. 自… zì… *von/aus*, 往… wǎng… *nach*, 在… zài… *in…*) und steht nach dem Verb.

他一直把我送到机场。	Tā yīzhí bǎ wǒ sòng dào jīchǎng.	*Er hat mich bis zum Flughafen gebracht.*
他坐在椅子上。	Tā zuò zài yǐzi shang.	*Er sitzt auf dem Stuhl.*

Anmerkung:
Das Präpositionalgefüge mit 在 zài *in* kann vor oder nach bestimmten Verben (z.B. 出生 chūshēng *gebären*, 发生 fāshēng *sich ereignen*, 生长 shēngzhǎng *wachsen*, 住 zhū *wohnen*) stehen. In den meisten Fällen bleibt die Bedeutung der Aussage gleich, auch wenn sich durch die Stellung die grammatische Funktion ändert.

他出生在北京。	Tā chūshēng zài Běijīng.	*Er ist in Peking geboren.*
他在北京出生。	Tā zài Běijīng chūshēng.	*Er ist in Peking geboren.*
这种水果产在亚洲。	Zhè zhǒng shuǐguǒ chǎn zài Yàzhōu.	*Dieses Obst wächst in Asien.*
在亚洲产这种水果。	Zài Yàzhōu chǎn zhè zhǒng shuǐguǒ.	*In Asien wächst dieses Obst.*

Ergänzung der Menge

Die Ergänzung der Menge lässt sich einteilen in Ergänzung der Häufigkeit einer Handlung, Ergänzung der Dauer einer Handlung und Ergänzung der Menge beim Komparativ.

Die Ergänzung der Häufigkeit drückt aus, wie oft eine Handlung stattfindet. Dabei werden oft die Zähleinheitswörter 遍 biàn, 次 cì oder 一下 yīxià verwendet.

Subjekt	**Prädikat**	**Partikel**	Ergänzung der Häufigkeit	**Objekt**
我	去	过	三次	中国。
Wǒ	qù	guo	sān cì	Zhōngguó.
Ich war dreimal in China.				

Im Allgemeinen steht eine Ergänzung der Häufigkeit vor dem Objekt. Ist das Objekt ein Personenname oder ein Ortsname, kann es auch vor der Ergänzung stehen.

Subjekt	Prädikat	Partikel	Objekt	Ergänzung der Häufigkeit
我	去	过	中国	三次。
Wǒ	qù	guo	Zhōngguó	sān cì.
Ich war dreimal in China.				

这本书我已经看了两遍了。	Zhè běn shū wǒ yǐjīng kànle liǎng biàn le.	*Dieses Buch habe ich schon zweimal gelesen.*

Die Ergänzung der Zeitdauer drückt die Dauer einer Handlung oder eines Zustands aus. Achtung: der Zeitpunkt wird im Chinesischen immer als Adverbial vor dem Prädikat angegeben. Die Zeitdauer wird mit einer Ergänzung ausgedrückt und steht nach dem Prädikat oder nach dem Objekt.

Subjekt	Adverbial	Prädikat	Ergänzung der Dauer	Objekt
他们	每天	读	一个小时	汉语。
Tāmen	měi tiān	dú	yī ge xiǎoshí	Hànyǔ.
Sie lesen jeden Tag eine Stunde Chinesisch.				

Man kann die Partikel 的 de nach der Ergänzung der Zeit und vor dem Objekt einfügen.

Subjekt	Prädikat	Partikel	Ergänzung der Dauer	Partikel	Objekt
他们	开	了	一个上午	的	会。
Tāmen	kāi	le	yī ge shàngwǔ	de	huì.
Sie haben den ganzen Vormittag Sitzung gehabt.					

Wenn ein Prädikat ein Objekt besitzt, kann die Ergänzung der Dauer ans Satzende gestellt werden. In diesem Fall muss das Prädikat nach dem Objekt wiederholt werden.

Subjekt	Adverbial	Prädikat	Objekt	Prädikat	Ergänzung der Dauer
他们	每天	读	汉语	读	一个小时。
Tāmen	měi tiān	dú	Hànyǔ	dú	yī ge xiǎoshí.
Sie lesen jeden Tag eine Stunde Chinesisch.					

她做了两个小时家务。	Tā zuòle liǎng ge xiǎoshí jiāwù.	*Sie hat zwei Stunden lang Hausarbeit gemacht.*

我们用汉语聊了半天。	Wǒmen yòng Hànyǔ liáole bàntiān.	*Wir haben eine ganze Weile lang auf Chinesisch geplaudert.*
我打算在这儿呆一年。	Wǒ dǎsuàn zài zhèr dāi yī nián.	*Ich habe vor, für ein Jahr hier zu bleiben.*

Ist das Objekt ein Pronomen, Personenname oder Ortsname, steht dieses vor der Ergänzung der Zeit.

我等了你半个小时。	Wǒ děngle nǐ bàn ge xiǎoshí.	*Ich habe eine halbe Stunde auf dich gewartet.*
我来中国两年多了。	Wǒ lái Zhōngguó liǎng nián duō le.	*Ich bin seit zwei Jahren in China.*

Bei Vergleichen werden oft Ergänzungen der Menge verwendet. In diesen Sätzen wird der Begriff 比 bǐ *vergleichen* eingesetzt. Sie haben folgende Struktur:

A	比	B	Adverbial	Prädikat	Ergänzung der Menge
我	比	他	早	来	十分钟。
Wǒ	bǐ	tā	zǎo	lái	shí fēn zhōng.
Ich bin zehn Minuten früher als er gekommen.					

Wenn die Adverbien 早 zǎo, 晚 wǎn, 多 duō oder 少 shǎo in einem solchen Satz vorkommen, stehen diese vor dem Prädikat. Dagegen steht eine Ergänzung der Menge nach dem Prädikat.

这间房间比那间房间大五平方米。	Zhè jiān fángjiān bǐ nà jiān fángjiān dà wǔ píngfāng mǐ.	*Dieses Zimmer ist fünf Quadratmeter größer als jenes.*
她比我高二十厘米。	Tā bǐ wǒ gāo èrshí límǐ.	*Sie ist zwanzig Zentimeter größer als ich.*

Attribut

Mit Ausnahme der Adverbien können die meisten Wortarten als Attribut verwendet werden. Häufige Attribute sind Adjektive und Zahl-ZEW-Verbindungen. Meist werden Attribute mit der Strukturpartikel 的 de gebildet (siehe Kapitel 4, 5, 10).

这是一件精致的工艺品。	Zhè shì yī jiàn jīngzhì de gōngyìpǐn.	*Das ist eine feine kunsthandwerkliche Ware.*
这是一张今天的报纸。	Zhè shì yī zhāng jīntiān de bàozhǐ.	*Das ist eine Zeitung von heute.*

街上有许多骑自行车的人。	Jiēshàng yǒu xǔduō qí zìxíngchē de rén.	*Auf der Straße gibt es viele Leute, die Fahrrad fahren.*
长城是旅游者最喜爱的观光地之一。	Chángchéng shì lǚyóuzhě zuì xǐ'ài de guānguāngdì zhī yī.	*Die Große Mauer ist eine der Sehenswürdigkeiten, die Touristen am liebsten mögen.*

Wenn es mehrere Attribute im Satz gibt, stehen die Attribute, die Zugehörigkeit und Zeit-/Ortsangabe kennzeichnen, am weitesten entfernt von dem zu modifizierenden Wort. Am nächsten stehen die Attribute, die eine Eigenschaft bezeichnen und das Attribut, das kein 的 de benötigt.

S	P	Partikel	Attribute			O
			1	2	3	
他	穿	了	一套	非常合身的	淡色	西装。
Tā	chuān	le	yī tào	fēicháng héshēn de	dànsè	Xīzhuāng.

Er hat einen hellen Anzug angezogen, der wie angegossen sitzt.

S	P	Attribute					O
		1	2	3	4	5	
小李	是	我	中学时代	同班的	一位	女	同学。
Xiǎo Lǐ	shì	wǒ	zhōngxué shídài	tóngbān de	yī wèi	nǚ	tóngxué.

Xiao Li war meine Klassenkameradin während der Mittelschulzeit.

S	P	Attribute			O
		1	2	3	
他	是	我国	一位	著名的	科学家。
Tā	shì	wǒguó	yī wèi	zhùmíng de	kēxuéjiā.

Er ist in unserem Land ein berühmter Wissenschaftler.

至今我还记得幼儿时妈妈讲的那些美丽动人的童话故事。	Zhìjīn wǒ hái jìde yòu'ér shí māma jiǎng de nà xiē měilì dòngrén de tónghuà gùshì.	*Bis heute kann ich mich an die schönen und rührenden Märchen erinnern, die meine Mutter während meiner Kindheit erzählt hat.*

Adverbial

Ein Adverbial steht vor dem Prädikat und beschreibt Zeit, Ort, Zweck, Art und Weise einer Handlung oder eines Zustands. Am häufigsten besteht ein Adverbial aus Adverbien. Auch andere Wortarten, z.B. Substantive, Adjektive oder Wortgruppen, können Adverbiale im Satz sein (siehe Kapitel 2, 4, 6).

Die Adverbiale können ihrem Inhalt nach unterteilt werden.

Adverbial der Zeit

我们明天下午三点钟出发。	Wǒmen míngtiān xiàwǔ sān diǎn zhōng chūfā.	*Morgen um drei Uhr nachmittags brechen wir auf.*

Adverbial des Ortes

他在一家合资企业工作。	Tā zài yī jiā hézī qǐyè gōngzuò.	*Er arbeitet bei einem Joint-Venture.*

Adverbial des Zwecks

为了更好地了解中国，他努力地学习中文。	Wèile gèng hǎo de liǎojiě Zhōngguó, tā nǔlì de xuéxí Zhōngwén.	*Um China besser zu verstehen, lernt er fleißig Chinesisch.*

Adverbial der Art und Weise

河水很深。	Héshuǐ hěn shēn.	*Das Wasser des Flusses ist sehr tief.*
天色渐渐地暗了下来。	Tiānsè jiànjiàn de ànle xiàlai.	*Es fängt langsam an zu dunkeln.*

Stellung des Adverbials

Die Adverbiale stehen meist vor dem Prädikat und hinter dem Subjekt.

Subjekt	Adverbiale	Prädikat	Partikel
他们	很久没有	见面	了。
Tāmen	hěn jiǔ méiyǒu	jiànmiàn	le.
Sie haben sich schon lange nicht mehr gesehen.			

大家都到了。	Dàjiā dōu dào le.	*Alle sind da.*
他们认真地工作。	Tāmen rènzhēn de gōngzuò.	*Sie arbeiten sorgfältig.*

In manchen Fällen müssen die Adverbiale vor dem Subjekt stehen. Dies sind hauptsächlich Präpositionalgefüge (Wortgruppen mit Präposition): 关于 guānyú *in Bezug auf*, 至于 zhìyú *was ... betrifft*.

Adverbial	Subjekt	Adverbial	Prädikat
至于其他问题，	我们	下次再	讨论。
Zhìyú qítā wèntí,	wǒmen	xià cì zài	tǎolùn.
Was die anderen Fragen betrifft, das werden wir nächstes Mal noch diskutieren.			

关于客人的住宿，她会安排。	Guānyú kèrén de zhùsù, tā huì ānpái.	*Was die Unterkunft der Gäste betrifft, wird sie dafür sorgen.*

Vor dem Subjekt stehen auch die Adverbiale, die in Bezug auf ihre Konstruktion kompliziert sind.

当我学完这本书的时候，我已经是汉语系两年级的学生。	Dāng wǒ xuéwán zhè běn shū de shíhòu, wǒ yǐjīng shì Hànyǔxì liǎngniánjí de xuésheng.	*Wenn ich dieses Buch durchgearbeitet habe, bin ich schon Sinologiestudentin im vierten Semester.*

In manchen Fällen kann ein Adverbial sowohl vor dem Subjekt als auch hinter dem Subjekt stehen, z.B. ein Adverbial der Zeit oder ein Adverbial des Ortes. Stehen diese vor dem Subjekt, werden sie hervorgehoben. Im Deutschen ist dies ähnlich.

突然，天下起了大雪。	Tūrán, tiān xiàqǐle dàxuě.	*Plötzlich hat es stark zu schneien begonnen.*
天突然下起了大雪。	Tiān tūrán xiàqǐle dàxuě.	*Es hat plötzlich stark zu schneien begonnen.*
明天下午三点钟我们出发。	Míngtiān xiàwǔ sān diǎn zhōng wǒmen chūfā.	*Morgen um drei Uhr nachmittags brechen wir auf.*
我们明天下午三点钟出发。	Wǒmen míngtiān xiàwǔ sān diǎn zhōng chūfā.	*Wir brechen morgen um drei Uhr nachmittags auf.*
在野营地，他们搭起了帐篷。	Zài yěyíngdì, tāmen dāqǐle zhàngpeng.	*Auf dem Campingplatz haben sie Zelte aufgeschlagen.*
他们在野营地搭起了帐篷。	Tāmen zài yěyíngdì dāqǐle zhàngpeng.	*Sie haben auf dem Campingplatz Zelte aufgeschlagen.*

Wenn mehrere Adverbiale im Satz vorhanden sind, spielt die logische Beziehung zwischen dem Adverbial und dem Prädikat bei der Anordnung der Reihenfolge eine große Rolle. In der Regel steht ein Adverbial der Zeit am weitesten entfernt von dem zu modifizierenden oder beschriebenen Wort. Am nächsten steht das Adverbial, das eine Handlung beschreibt.

S	Adverbial			**P**	**O**
	1. Zeit	2. Ort	3.		
我	昨天下午	在足球场上	和朋友	踢	足球。
Wǒ	zuótiān xiàwǔ	zài zúqiúchǎngshàng	hé péngyou	tī	zúqiú.
Gestern Nachmittag habe ich mit Freunden auf dem Fußballplatz Fußball gespielt.					

Fragesatz

Mit einem Fragesatz wird eine Frage gestellt. Es lassen sich vier Arten von Fragesätzen unterscheiden.

Entscheidungsfrage

Bei einer Entscheidungsfrage wird die Antwort *ja* oder *nein* erwartet. In den meisten Fällen ist die Wortstellung bei einer Entscheidungsfrage genau gleich wie beim Aussagesatz. Dabei steht die Modalpartikel 吗 ma am Satzende (siehe Kapitel 10).

你今天晚上在家吗？ – 在。/不在。 我今天晚上(不)在家。	Nǐ jīntiān wǎnshang zài jiā ma? – Zài./Bù zài. Wǒ jīntiān wǎnshang (bù) zài jiā.	*Bist du heute Abend zu Hause? – Ja./Nein. Ich bin heute Abend (nicht) zu Hause.*
你们的汉语老师是陈先生吗？ – 是的。/ 不是。	Nǐmende Hànyǔ lǎoshī shì Chén xiānsheng ma? – Shì de./Bù shì.	*Ist euer Chinesischlehrer Herr Chen? – Ja./ Nein.*

Wahlfrage

Bei Wahlfragen wird immer 还是 háishì *oder* verwendet (siehe Kapitel 3, 9). Es wird erwartet, dass man eine aus zwei oder mehreren Möglichkeiten auswählt. Am Satzende kann die Modalpartikel 呢 ne stehen.

你想吃中餐还是吃西餐呢？	Nǐ xiǎng chī Zhōngcān háishì chī Xīcān ne?	*Möchtest du Chinesisch oder Europäisch essen?*
你用筷子还是用刀叉？	Nǐ yòng kuàizi háishì yòng dāochā?	*Benutzt du Essstäbchen oder Besteck?*

Frage mit Interrogativpronomen

Das Fragewort steht an derselben Stelle wie das entsprechende Element im Aussagesatz (siehe Kapitel 7).

你到哪儿去？ 我到上海去。	Nǐ dào nǎr qù? Wǒ dào Shànghǎi qù.	*Wohin gehst du?* *Ich gehe nach Shanghai.*
你是哪国人？ 我是德国人。	Nǐ shì nǎ guó rén? Wǒ shì Déguó rén.	*Welche Nationalität hast du?* *Ich bin Deutsche(r).*
这是谁的圆珠笔？ 这是他的圆珠笔。	Zhè shì shúi de yuánzhūbǐ? Zhè shì tā de yuánzhūbǐ.	*Wessen Kugelschreiber ist das?* *Das ist sein Kugelschreiber.*

Fragesatz mit bejahter und verneinter Prädikatsform

Durch aufeinanderfolgende Bejahung und Verneinung des Prädikats (siehe Kapitel 3) können auch Fragen gebildet werden. Die Modalpartikeln 呢 ne oder 啊 a können in dieser Frageform zudem am Satzende auftreten.

你有没有时间啊？	Nǐ yǒu méi yǒu shíjiān a?	*Hast du Zeit?*
你认识不认识小张？	Nǐ rènshi bù rènshi Xiǎo Zhāng?	*Kennst du Xiao Zhang?*

Rhetorische Frage

Rückfragen können auch rhetorische Fragen sein. Mit einer rhetorischen Frage will man Aufmerksamkeit, Nachdenken hervorrufen. Wörter wie 难道 nándào *kann es sein, dass …?* oder die Modalpartikel 吧 ba werden zur Betonung des rhetorischen Charakters der Frage eingesetzt. Wie im Deutschen nimmt der Fragende eine bestimmte Erwartungshaltung in seiner Frage vorweg.

你跟他在一起，你会不知道吗？	Nǐ gēn tā zài yīqǐ, nǐ huì bù zhīdào ma?	*Du bist mit ihm zusammen gewesen. Wie kannst du das nicht wissen?*
难道你还不理解他的意思吗？	Nándào nǐ hái bù lǐjiě tā de yìsi ma?	*Verstehst du denn nicht, worauf er hinaus will?*

Mit einer rhetorischen Frage können auch Zweifel ausgedrückt werden.

这件事不是他干的吧？	Zhè jiàn shì bù shì tā gànde ba?	*Das hat doch nicht er getan?*
这不是开玩笑吧？	Zhè bù shì kāi wán-xiào ba?	*Soll das ein Scherz sein?*

Aufforderungssatz

Mit dem Aufforderungssatz wird eine Bitte, ein Wunsch, ein Befehl etc. ausgedrückt.

请进！	Qǐng jìn!	*Bitte, komm herein!*
禁止吸烟！	Jìnzhǐ xīyān!	*Rauchen ist verboten!*
你跟我们一起去吧！	Nǐ gēn wǒmen yīqǐ qù ba!	*Komm mit uns!*
别这么大声！	Bié zhème dàshēng!	*Sei nicht so laut!*

Ausrufesatz

Der Ausrufesatz drückt Empfindungen aus wie Bewunderung, Erstaunen, Zorn etc. Am Satzende wird oft eine Modalpartikel verwendet. Eine Interjektion kann aber auch am Satzanfang stehen (siehe Kapitel 11).

这里的风景多美啊！	Zhèli de fēngjǐng duō měi a!	*Ah, wie schön ist doch die Landschaft hier!*
时间过得真快啊！	Shíjiān guò de zhēn kuài a!	*Wie schnell die Zeit vergeht!*
他的汉语说得真流利啊！	Tā de Hànyǔ shuō de zhēn liúlì a!	*Wie fließend er Chinesisch spricht!*
太不讲理了！	Tài bù jiǎng lǐ le!	*Das ist doch bar jeder Vernunft!*

特殊句式 tèshū jùshì – *Besondere Satztypen*

Unter den besonderen Satztypen versteht man im Chinesischen Sätze, die von der im Chinesischen allgemein üblichen Satzstellung (Subjekt – Prädikat – Objekt) abweichen und semantische Besonderheiten besitzen.

Die 把 bǎ-Konstruktion

Mit der 把 bǎ-Konstruktion wird hervorgehoben, wie das Objekt behandelt oder beeinflusst wird, sodass sich sein Zustand verändert und ein Resultat erzielt wird. Der Inhalt eines Satzes mit der 把 bǎ-Konstruktion ist klar und verständlich. Manche Aussagen können nur mit der 把 bǎ-Konstruktion ausgedrückt werden.

她把钥匙放进了手提包里。	Tā bǎ yàoshi fàngjìnle shǒutíbāoli.	*Sie hat den Schlüssel in ihre Handtasche gesteckt.*

Durch die Präposition 把 bǎ (aber auch mit 将 jiāng) wird das Objekt eines Satzes vor das Prädikat gestellt. Das mit 把 bǎ vorangestellte Objekt ist bestimmt. Die 把 bǎ-Konstruktion wird häufig in der gesprochenen Sprache verwendet. Der Satz mit der 把 bǎ-Konstruktion wird nach folgendem Muster gebildet:

Subjekt	把	Objekt	Prädikat	weitere Elemente
我	把	练习	做	完了。
Wǒ	bǎ	liànxí	zuò	wán le.
Ich habe die Übungen fertig gemacht.				

洪水把房屋和庄稼一起冲走了。	Hóngshuǐ bǎ fángwū hé zhuāngjia yīqǐ chōng zǒu le.	*Das Hochwasser hat Häuser und Getreide weggespült.*
她把头抬了起来。	Tā bǎ tóu táile qǐlai.	*Sie hat ihren Kopf gehoben.*
不准把车停放在进出口！	Bù zhǔn bǎ chē tíngfàng zài jìnchūkǒu!	*In der Einfahrt darf man nicht parken!*

In der Regel müssen weitere Elemente auf das Prädikat folgen, nämlich die Partikel 了 le, eine Verdoppelung des Verbs, ein Objekt oder eine Ergänzung.

星期天他想把自行车修一修。	Xīngqītiān tā xiǎng bǎ zìxíngchē xiū yī xiū.	*Am Sonntag möchte er sein Fahrrad reparieren.*
他把这个语法现象解释得很清楚。	Tā bǎ zhè ge yǔfǎ xiànxiàng jiěshì de hěn qīngchu.	*Er hat diese grammatische Erscheinung sehr deutlich erklärt.*
她把我当作朋友。	Tā bǎ wǒ dāngzuò péngyou.	*Sie betrachtet mich als Freundin.*

Die Verneinung einer 把 bǎ-Konstruktion wird durch 没 méi oder 不 bù vor 把 bǎ gebildet. Die Verneinung und das Modalverb – falls im Satz eines vorkommt – stehen vor 把 bǎ.

Subjekt	Verneinung	把	Objekt	Prädikat	weitere Elemente
我	没	把	练习	做	完。
Wǒ	méi	bǎ	liànxí	zuò	wán.
Ich habe die Übungen nicht fertig gemacht.					

他没把这件事放在心上。	Tā méi bǎ zhè jiàn shì fàng zài xīnshàng.	*Er hat diese Sache nicht ernst genommen.*
守门员没把球接住。	Shǒuményuán méi bǎ qiú jiēzhù.	*Der Torwart hat den Ball nicht gehalten.*
他不会把他的朋友忘掉的。	Tā bù huì bǎ tā de péngyou wàngdiào de.	*Er wird seinen Freund nicht vergessen.*

Die 被 bèi-Konstruktion

Ein Passivsatz im Chinesischen kann mit der Präposition 被 bèi oder – vor allem in der Umgangssprache – mit den Präpositionen 叫 jiào, 让 ràng und 给 gěi ausgedrückt werden. Passivsätze können nur mit transitiven Verben gebildet werden. Im Chinesischen muss diese Konstruktion aber nicht in jedem Satz stehen, der eine Passivbedeutung hat (siehe Kapitel 12, Subjekt).

Logisches Objekt	Präposition	Handlungsträger	Prädikat	weitere Elemente
我的伞	被/让	她	借	去了。
Wǒ de sǎn	bèi/ràng	tā	jiè	qù le.
Mein Regenschirm wurde von ihr ausgeliehen.				

不一会儿，这台机器就被这位机械师修好了。	Bù yīhuìr, zhè tái jīqī jiù bèi zhè wèi jīxièshī xiū hǎo le.	*Nach kurzer Zeit wurde diese Maschine von einem Mechaniker repariert.*
黄河被称为中华民族的摇篮。	Huánghé bèi chēng wèi Zhōnghuá mínzú de yáolán.	*Der Gelbe Fluss wird die Wiege der chinesischen Zivilisation genannt.*
这件丑闻被记者揭露了。	Zhè jiàn chǒuwén bèi jìzhě jiēlù le.	*Der Skandal wurde von Journalisten aufgedeckt.*

Der Handlungsträger kann in manchen Fällen entfallen, jedoch nur bei der Präposition 被 bèi.

他的申请被拒绝了。	Tā de shēnqǐng bèi jùjué le.	*Sein Antrag wurde abgelehnt.*
他被邀请参加会议。	Tā bèi yāoqǐng cānjiā huìyì.	*Er wurde zu einem Kongress eingeladen.*

Mit der 被 bèi-Konstruktion wird oft etwas Unerfreuliches, Unerwünschtes ausgedrückt.

他的车被撞了。	Tā de chē bèi zhuàng le.	*Sein Auto wurde gerammt.*
她的包被偷了。	Tā de bāo bèi tōu le.	*Ihre Tasche wurde gestohlen.*

Die Verneinung wird durch 没(有) méi(yǒu) vor 被 bèi gebildet. Steht ein Modalverb vor 被 bèi, wird dieses mit 不 bù verneint.

这个计划没被批准。	Zhè ge jìhuà méi bèi pīzhǔn.	*Dieser Plan wurde nicht genehmigt.*
他不会被这个问题难倒。	Tā bù huì bèi zhè ge wèntí nándǎo.	*Er kann nicht durch diese Frage in Verlegenheit gebracht werden.*

Satz mit Doppelfunktionsglied

Sätze mit Doppelfunktionsglied sind Sätze mit zwei Verbalkonstruktionen, bei denen das Objekt des ersten Verbs gleichzeitig das Subjekt des zweiten Verbs ist. Solche Sätze werden mit den Verben 请 qǐng *bitten*, 让 ràng *lassen*, 使 shǐ *veranlassen*, 命令 mìnglìng *befehlen* gebildet. Im Deutschen entspricht einem Satz dieser Art häufig eine Infinitivkonstruktion.

Subjekt	Prädikat 1	**Objekt**		
		Subjekt	**Prädikat 2**	**weitere Elemente**
会议主持人	请	他	讲	几句话。
Huìyì zhǔchírén	qǐng	tā	jiǎng	jǐ jù huà.
Der Leiter der Konferenz bittet ihn um seine Stellungnahme.				

这些照片让我回忆起在中国的美好日子。	Zhèxiē zhàopiàn ràng wǒ huíyìqǐ zài Zhōngguó de měihǎo rìzi.	*Diese Fotos haben mir die schöne Zeit in China in Erinnerung gerufen.*

Das zweite Prädikat kann auch ein Adjektiv sein (siehe Kapitel 4).

你的到来使我非常高兴。	Nǐ de dàolái shǐ wǒ fēicháng gāoxìng.	*Dein Kommen hat uns sehr gefreut.*
该公司的产品质量让我们很失望。	Gāi gōngsī de chǎnpǐn zhìliàng ràng wǒmen hěn shīwàng.	*Die Qualität der Produkte dieser Firma hat uns sehr enttäuscht.*

Sätze mit Doppelfunktionsglied können auch mit dem Verb 有 yǒu als erstes Prädikat gebildet werden. 有 yǒu bedeutet hier *es gibt, es hat*.

中国有两条河叫长江，黄河。	Zhōngguó yǒu liǎng tiáo hé jiào Chángjiāng, Huánghé.	*In China gibt es zwei Flüsse, die Changjiang und Huanghe (Gelber Fluss) heißen.*
明天有两个朋友来我们家。	Míngtiān yǒu liǎng ge péngyou lái wǒmen jiā.	*Morgen werden zwei Freunde zu uns nach Hause kommen.*
他有一个孩子在上大学。	Tā yǒu yī ge háizi zài shàng dàxué.	*Er hat ein Kind, das an der Universität studiert.*

Existenzieller Satz

Unter existenziellen Sätzen versteht man, dass eine Person oder eine Sache an einem bestimmten Ort oder zu einer bestimmten Zeit erscheint, vorhanden ist oder verschwindet. Ein existenzieller Satz wird nach folgendem Muster gebildet:

Ortsadverbial	Prädikat	Aspektpartikel	logisches Subjekt
屋里	亮	着	灯。
Wū li	liàng	zhe	dēng.
Im Zimmer brennt Licht.			

Dem Prädikat (mit Ausnahme von 有 yǒu und 是 shì) wird gewöhnlich die Aspektpartikel 着 zhe mit der Bedeutung der andauernden Handlung (siehe Kapitel 10) angehängt.

天上出现了乌云。	Tiān shàng chūxiànle wūyún.	*Am Himmel sind dunkle Wolken aufgezogen.*
台下坐着许多观众。	Tái xià zuòzhe xǔduō guānzhòng.	*Vor der Bühne sitzen viele Zuschauer.*
桌上堆满了杂志。	Zhuō shàng duīmǎnle zázhì.	*Auf dem Tisch liegen Stapel von Zeitschriften.*

Drückt ein Verb im Satz das Erscheinen oder das Verschwinden aus, kann ein Richtungsverb oder eine Ergänzung der Richtung verwendet werden.

Ortsadverbial	Prädikat	Richtungsverb/ Ergänzung der Richtung	logisches Subjekt
电梯里	走	出来	几个人。
Diàntī li	zǒu	chūlai	jǐ ge rén.
Aus dem Fahrstuhl sind einige Leute rausgekommen.			

后面开过来一辆车。	Hòumiàn kāi guòlai yī liàng chē.	*Ein Auto ist hinten vorbeigefahren.*
树上又掉下几个苹果。	Shù shàng yòu diào xià jǐ ge píngguǒ.	*Vom Baum sind wieder ein paar Äpfel runtergefallen.*

Wenn ein Substantiv eine unbestimmte Person oder Sache bezeichnet, steht häufig eine Zahl-ZEW-Verbindung als Attribut davor.

Ortsadverbial	Prädikat	Aspektpartikel	Zahl-ZEW	logisches Subjekt
墙上	挂	着	一幅	油画。
Qiáng shàng	guā	zhe	yī fú	yóuhuà.
An der Wand hängt ein Ölbild.				

安徽省南部耸立着一座黄山。	Ānhuīshěng nánbù sǒnglìzhe yī zuò Huángshān.	*Im Süden der Provinz Anhui ragt das Gelbe Gebirge empor.*
门旁挂着一个牌子。	Mén páng guāzhe yī ge páizi.	*Neben der Tür hängt ein Schild.*

Verbserialisierung

In einem Satz können zwei oder mehr Verben Prädikate des gleichen Subjekts sein. Jedes dieser Verben kann mit einem Objekt zusammen eine Verbalkonstruktion bilden. Die Reihenfolge der Handlungen ist immer chronologisch korrekt. Die Sätze mit Verbserialisierung können eine finale Beziehung, die Art und Weise oder die zeitliche Aufeinanderfolge der Handlungen ausdrücken.

Subjekt	Prädikat 1	Objekt von P1	Prädikat 2	Objekt von P2
我	去	图书馆	看	书。
Wǒ	qù	túshūguǎn	kàn	shū.
Ich gehe in die Bibliothek, um zu lesen. (wörtl.: Ich gehe in die B. und lese.)				

Oft wird Ziel oder Zweck einer Handlung mit diesen Sätzen ausgedrückt, in denen das erste Verb 来 lái *kommen* oder 去 qù *gehen* ist. Im Deutschen werden diese Sätze meist final übersetzt.

她去银行取款。	Tā qù yínháng qǔ kuǎn.	*Sie geht zur Bank, um Geld abzuheben.*
他没有时间看朋友。	Tā méi yǒu shíjiān kàn péngyou.	*Er hat keine Zeit, Freunde zu besuchen.*
他开门进了房间。	Tā kāi mén jìnle fángjiān.	*Er öffnete die Tür und trat ins Zimmer ein.*

In einem Satz können mehr als zwei Verben vorkommen.

他没有时间回家吃饭。	Tā méi yǒu shíjiān huíjiā chīfàn.	*Er hat keine Zeit, nach Hause zu gehen, um zu essen.*

Verb mit zwei Objekten

Einige chinesische Verben können zwei Objekte haben, ein indirektes und ein direktes. Das indirekte Objekt steht wie im Deutschen vor dem direkten Objekt. Im Allgemeinen bezeichnet das indirekte Objekt eine Person, das direkte Objekt eine Sache.

Die wichtigsten Verben dieser Art sind:

给 gěi *geben*, 送 sòng *schenken*, 教 jiāo *lehren*, 还 huán *zurückgeben*, 告诉 gàosu *mitteilen*, 拿 ná *holen*, 借 jiè *ausleihen*, 问 wèn *fragen*, 请教 qǐngjiào *beraten*, 交 jiāo *übergeben*

Subjekt	Prädikat	indirektes Objekt	direktes Objekt
他	送	我	一束花。
Tā	sòng	wǒ	yī shù huā.
Er hat mir einen Strauß Blumen geschenkt.			

我请教老师一个问题。	Wǒ qǐngjiào lǎoshī yī ge wèntí.	*Ich berate mich mit dem Lehrer über eine Frage.*
我还她一本词典。	Wǒ huán tā yī běn cídiǎn.	*Ich gebe ihr ein Wörterbuch zurück.*

Die 是 shì ... 的 de-Konstruktion

Die 是 shì ... 的 de-Konstruktion hat die Funktion, ein bestimmtes Satzglied zu betonen. Mit 是 shì *sein* vor dem entsprechenden Adverbial und 的 de nach dem Prädikat werden Zeit, Ort oder Art und Weise betont.

这幢房子是去年造好的。	Zhè zhuàng fángzi shì qù nián zàohǎo de.	*Das Gebäude ist im letzten Jahr fertig gebaut worden. (wörtl.: Dieses Gebäude ist ein letztes Jahr fertig gebautes (Gebäude).)*
这种茶是中国产的。	Zhè zhǒng chá shì Zhōngguó chǎn de.	*Diese Sorte von Tee kommt aus China. (wörtl.: Diese Sorte Tee ist eine von China produzierte.)*
他是坐火车去的。	Tā shì zuò huǒchē qù de.	*Er ist mit dem Zug gefahren. (wörtl.: Er ist ein mit dem Zug gegangener.)*

Diese Konstruktion wird im Chinesischen sehr häufig verwendet und ist daher sehr wichtig. Sie ist für Chinesischlernende schwer verständlich. Wenn man wörtlich übersetzt, kommt man dieser Konstruktion etwas auf die Spur.

Das Objekt kann auch ein Pronomen sein. In diesem Fall steht 的 de nach dem Pronomen.

我是前天在路上碰见她的。	Wǒ shì qiántiān zài lùshàng pèngjiàn tā de.	*Ich habe sie vorgestern auf der Straße getroffen.*
我是不久前认识她的。	Wǒ shì bù jiǔ qián rènshi tā de.	*Ich habe sie vor nicht allzu langer Zeit kennengelernt.*

Die Verneinung wird mit 不 bù gebildet, wobei 是 shì nicht weggelassen werden kann.

我不是前天在路上碰见她的。	Wǒ bù shì qiántiān zài lùshàng pèngjiàn tā de.	*Ich habe sie nicht vorgestern auf der Straße getroffen.*

Anmerkung: Wenn das Objekt eines Satzes betont werden soll, steht 是 shì vor und 的 de nach dem Prädikat.

我学的是中文。	Wǒ xué de shì Zhōngwén.	*Ich lerne Chinesisch. (wörtl.: Das, was ich lerne, ist Chinesisch.)*
我买的是丝绸围巾。	Wǒ mǎi de shì sīchóu wéijīn.	*Ich habe einen Schal aus Seide gekauft. (wörtl.: Das, was ich gekauft habe, ist ein Seidenschal.)*

14

复句 fùjù – *Der zusammengesetzte Satz*

Im Deutschen nennt man einen Satz, der aus mehr als einem Hauptsatz besteht, einen zusammengesetzten Satz. Dieser kann entweder aus nebengeordneten Hauptsätzen konstruiert sein oder aus einem Hauptsatz und einem Nebensatz bestehen. Im Chinesischen besteht der zusammengesetzte Satz hingegen aus zwei oder mehreren Teilsätzen, die semantisch miteinander in engem Zusammenhang stehen, aber alle für sich allein stehen könnten.

Die zusammengesetzten Sätze lassen sich im Chinesischen nach ihrer logischen Beziehung in zwei Arten einteilen, nämlich beigeordnete Sätze und untergeordnete Sätze. Die logische Beziehung kann durch Konjunktionen verdeutlicht werden, die Verwendung von solchen ist aber oft nicht erforderlich.

Satzreihe

Die Satzreihe besteht aus gleichwertigen Teilsätzen, die aneinandergereiht und durch Konjunktionen verbunden werden. Die Teilsätze können ein gemeinsames Subjekt haben.

In der Satzreihe werden gleichzeitige Handlungen oder Zustände ausgedrückt.

这家旅馆很舒适，价格也适中。	Zhè jiā lǚguǎn hěn shūshì, jiàgé yě shìzhōng.	*Das Hotel ist komfortabel, der Preis ist auch angemessen.*
他们一边听课，一边记笔记。	Tāmen yībiān tīng kè, yībiān jì bǐjì.	*Sie hören die Vorlesung und machen sich Notizen.*
她又会唱歌，又会跳舞。	Tā yòu huì chànggē, yòu huì tiàowǔ.	*Sie kann sowohl singen wie auch tanzen.*
一方面必须按时交货，另一方面又要保证质量。	Yīfāngmiàn bìxū ànshí jiāohuò, lìng yīfāngmiàn yòu yào bǎozhèng zhìliàng.	*Einerseits muss die Ware rechtzeitig ausgeliefert werden, andererseits muss die Qualität gewährleistet sein.*

Mit 不但 bùdàn *nicht nur...* 而且 érqiě *sondern auch...* und 不仅 bùjǐn *nicht nur...* 还 hái *sondern auch...* wird einer Aussage Nachdruck verliehen. Wenn das Subjekt in beiden Teilsätzen gleich ist, steht 不但 bùdàn nach dem Subjekt des ersten Teilsatzes. Sind die Subjekte in beiden Teilsätzen verschieden, steht 不但 bùdàn am Satzanfang.

这里的东西不但好，而且便宜。	Zhèli de dōngxi bùdàn hǎo, érqiě piányī.	*Die Sachen hier sind nicht nur gut, sondern auch billig.*
不但他弹钢琴弹得很好，而且他弟弟也弹得很好。	Bùdàn tā tán gāngqín tán de hěn hǎo, érqiě tā dìdi yě tán de hěn hǎo.	*Nicht nur er spielt gut Klavier, sondern auch sein jüngerer Bruder.*
他不仅是英语老师还是法语老师。	Tā bùjǐn shì Yīngyǔ lǎoshī hái shì Fǎyǔ lǎoshī.	*Er ist nicht nur Englischlehrer, sondern auch Französischlehrer.*

In einer Satzreihe kann eine Sache erklärt werden.

这不是一个商业城市，而是旅游胜地。	Zhè bù shì yī ge shāngyè chéngshì, ér shì lǚyóu shèngdì.	*Das ist nicht eine Handels-, sondern eine Tourismusstadt.*
这不是一篇散文，而是一首长诗。	Zhè bù shì yī piān sǎnwén, ér shì yī shǒu cháng shī.	*Das ist nicht Prosa, sondern ein langes Gedicht.*

Außerdem kann in der Satzreihe ausgedrückt werden, dass von zwei oder mehr Möglichkeiten nur eine in Betracht kommt.

王先生不是在上课，就是在办公室里。	Wáng xiānsheng bù shì zài shàngkè, jiùshì zài bàngōngshì li.	*Entweder unterrichtet Herr Wang oder er ist im Büro.*
你与其坐火车，不如乘飞机。	Nǐ yǔqí zuò huǒchē, bùrú chéng fēijī.	*Du sollst lieber das Flugzeug als den Zug nehmen.*

Mit der Satzreihe kann auch eine Folge von Handlungen oder Ereignissen ausgedrückt werden.

我们先喝咖啡，然后再去散步。	Wǒmen xiān hē kāfēi, ránhòu zài qù sànbù.	*Wir trinken zuerst Kaffee, dann gehen wir spazieren.*
一刮风就下雨。	Yī guā fēng jiù xià yǔ.	*Sobald Wind aufkommt, regnet es.*

Satzgefüge

Das Satzgefüge besteht im Allgemeinen aus einem Haupt- und einem Nebensatz.

Kausale Beziehung

Im Chinesischen werden 因为 yīnwèi *weil*… 所以 suǒyǐ *deshalb*… und 由于 yóuyú *weil*… 所以 suǒyǐ *deshalb*… wie im Deutschen bei Begründungen verwendet. Der Satzteil mit 因为 yīnwèi oder 由于 yóuyú muss vor dem anderen Satzteil stehen.

她因为生病，所以没去上课。	Tā yīnwèi shēng bìng, suǒyǐ méi qù shàng kè.	*Weil sie krank ist, ist sie nicht in die Schule gegangen.*
因为这家商店正在装修，所以停止营业。	Yīnwèi zhè jiā shāngdiàn zhèng zài zhuāngxiū, suǒyǐ tíngzhǐ yíngyè.	*Weil der Laden gerade renoviert wird, ist er geschlossen.*
由于雾太大，所以飞机不能起飞。	Yóuyú wù tài dà, suǒyǐ fēijī bù néng qǐfēi.	*Weil der Nebel zu dicht ist, kann das Flugzeug nicht starten.*

Konzessive Beziehung

Um im Chinesischen eine Einräumung auszudrücken, können 可是 kěshì *aber*, 不过 bùguò *aber*, 只是 zhǐshì *nur* und 虽然 suīrán *obwohl*… 但是 dànshì *aber*… verwendet werden.

这条裙子很漂亮，只是大了点儿。	Zhè tiáo qúnzi hěn piàoliang, zhǐshì dàle diǎnr.	*Dieser Rock ist sehr schön, er ist nur etwas weit.*
我想去听音乐会，可是没有时间。	Wǒ xiǎng qù tīng yīnyuèhuì, kěshì méi yǒu shíjiān.	*Ich möchte ins Konzert gehen, aber ich habe keine Zeit.*
他身体还没有完全恢复，不过好多了。	Tā shēntǐ hái méi yǒu wánquán huīfù, bùguò hǎo duō le.	*Er ist noch nicht ganz gesund, aber es geht ihm viel besser.*

In den Konstruktionen 虽然 suīrán *obwohl*... 但是 dànshì *aber*... und 尽管 jǐnguǎn *wenn auch*... 但是 dànshì *aber*... können 虽然 suīrán und 尽管 jǐnguǎn im Nebensatz am Satzanfang oder nach dem Subjekt stehen.

虽然他汉语已经说得很好，但是仍然不断练习。	Suīrán tā Hànyǔ yǐjīng shuō de hěn hǎo, dànshì réngrán bùduàn liànxí.	*Obwohl er schon gut Chinesisch sprechen kann, übt er (trotzdem) immer noch.*
他虽然汉语已经说得很好，但是仍然不断练习。	Tā suīrán Hànyǔ yǐjīng shuō de hěn hǎo, dànshì réngrán bùduàn liànxí.	*Obwohl er schon gut Chinesisch sprechen kann, übt er (trotzdem) immer noch.*
尽管他很富有，但是却很简朴。	Jǐnguǎn tā hěn fùyǒu, dànshì què hěn jiǎnpǔ.	*Obwohl er sehr reich ist, lebt er (dennoch) sehr bescheiden.*
他尽管很富有，但是却很简朴。	Tā jǐnguǎn hěn fùyǒu, dànshì què hěn jiǎnpǔ.	*Obwohl er sehr reich ist, lebt er (dennoch) sehr bescheiden.*
尽管他看过那个博览会，但是他还想去参观。	Jǐnguǎn tā kànguo nà ge bólǎnhuì, dànshì tā hái xiǎng qù cānguān.	*Obwohl er schon mal auf der Messe gewesen ist, möchte er (trotzdem) nochmals hingehen.*

Konditionale Beziehung

Zwischen zwei Teilsätzen besteht in solchen Sätzen ein Verhältnis der Bedingung.

如果天晴，我们去烧烤。	Rúguǒ tiān qíng, wǒmen qù shāokǎo.	*Wenn es sonnig ist, dann gehen wir grillen.*
要是你早五分钟到，就能赶上这班火车。	Yàoshì nǐ zǎo wǔ fēn zhōng dào, jiù néng gǎnshang zhè bān huǒchē.	*Wenn du fünf Minuten früher da gewesen wärst, hättest du diesen Zug noch erreicht.*
即使山很高，他也要爬上去。	Jíshǐ shān hěn gāo, tā yě yào pá shàng qu.	*Auch wenn der Berg sehr hoch ist, will er ihn besteigen.*
假如雨下得很大，那么球赛不得不延期。	Jiǎrú yǔ xiàde hěn dà, nàme qiúsài bù dé bù yánqī.	*Falls es stark regnet, muss das Fußballspiel verschoben werden.*
就是一再失败，也要坚持下去。	Jiùshì yī zài shībài, yě yào jiānchí xiàqu.	*Auch wenn man immer verliert, soll man doch weitermachen.*

Mit 只有 zhǐyǒu *nur wenn…* 才 cái *dann…* wird eine Bedingung ausgedrückt.

只有不断练习，才能说好汉语。	Zhǐyǒu bùduàn liànxí, cái néng shuō hǎo Hànyǔ.	*Nur wenn man ständig übt, kann man gut Chinesisch sprechen.*
只要你喜欢这本书，我就送给你。	Zhǐyào nǐ xǐhuan zhè běn shū, wǒ jiù sòng gěi nǐ.	*Wenn du das Buch magst, dann schenke ich es dir.*
除非你去，她才去。	Chúfēi nǐ qù, tā cái qù.	*Nur wenn du hingehst, geht sie auch hin.*

Finale Beziehung

Ein Teilsatz wird häufig mit der Konjunktion 为了 wèile *um… zu…* oder 以免 yǐmiǎn *damit nicht… (um zu vermeiden, dass…)* gebildet.

为了参加朋友的婚礼，他乘飞机回到德国。	Wèile cānjiā péngyou de hūnlǐ, tā chéng fēijī huí dào Déguó.	*Um an der Hochzeit seines Freundes teilzunehmen, ist er mit dem Flugzeug nach Deutschland geflogen.*
为了更多地了解中国，他参加了汉语学习班。	Wèile gēngduō de liǎojiě Zhōngguó, tā cānjiāle Hànyǔ xuéxí bān.	*Um China besser kennen zu lernen, hat er an einem Chinesisch-Sprachkurs teilgenommen.*
她带了一件毛衣，以免着凉。	Tā dàile yī jiàn máoyī, yǐmiǎn zháoliáng.	*Sie hat einen Pullover mitgenommen, damit sie nicht friert.*

Anmerkung: Um eine finale Beziehung auszudrücken, braucht es aber im Chinesischen häufig gar keine Konjunktion.

他去北京学汉语。	Tā qù Běijīng xué Hànyǔ.	*Er geht nach Peking, um Chinesisch zu lernen.*

Anhang

Tabelle der häufigsten Zähleinheitswörter (Substantiv-ZEW)

ZEW	Pīnyīn	Chinesisch	Pīnyīn	Deutsch
个	gè	建议，工厂	jiànyì, gōngchǎng	*Vorschlag, Fabrik*
位	wèi	先生，老师	xiānsheng, lǎoshī	*Herr, Lehrer(in)*
只	zhī	鸟，手	niǎo, shǒu	*Vogel, Hand*
本	běn	杂志，词典	zázhì, cídiǎn	*Zeitschrift, Wörterbuch*
件	jiàn	衣服，事	yīfu, shì	*Kleid, Sache*
棵	kē	树，大白菜	shù, dàbáicài	*Baum, Chinakohl*
颗	kē	星星，心	xīngxīng, xīn	*Stern, Herz*
根	gēn	黄瓜，辫子	huángguā, biànzi	*Gurke, Zopf*
架	jià	飞机，收音机	feījī, shōuyīnjī	*Flugzeug, Radio*
辆	liàng	汽车，自行车	qìchē, zìxíngchē	*Auto, Fahrrad*
篇	piān	文章，作文	wénzhāng, zuòwén	*Artikel, Aufsatz*
张	zhāng	报纸，照片	bàozhǐ, zhàopiàn	*Zeitung, Foto*
幅	fú	画，地图	huà, dìtú	*Bild, Landkarte*
条	tiáo	鱼，围巾	yú, wéijīn	*Fisch, Schal*
间	jiān	房间，教室	fángjiān, jiàoshì	*Zimmer, Klassenzimmer*
台	tái	机器，电视机	jīqī, diànshìjī	*Maschine, Fernseher*
块	kuài	手表，蛋糕	shǒubiǎo, dàngāo	*Armbanduhr, Kuchen*
滴	dī	水，油	shuǐ, yóu	*Wasser, Öl*
所	suǒ	学校，医院	xuéxiào, yīyuàn	*Schule, Krankenhaus*
把	bǎ	椅子，钥匙	yǐzi, yàoshi	*Stuhl, Schlüssel*
首	shǒu	歌，诗	gē, shī	*Lied, Gedicht*
支	zhī	笔，蜡烛	bǐ, làzhú	*Stift, Kerze*
项	xiàng	任务，工程	rènwù, gōngchéng	*Aufgabe, Projekt*
头	tóu	牛，猪，驴	niú, zhū, lǘ	*Kuh, Schwein, Esel*
座	zuò	山，桥	shān, qiáo	*Berg, Brücke*
朵	duǒ	花，云	huā, yún	*Blume, Wolke*
封	fēng	信	xìn	*Brief*

ZEW	Pīnyīn	Chinesisch	Pīnyīn	Deutsch
匹	pī	马	mǎ	*Pferd*
段	duàn	历史，时间	lìshǐ, shíjiān	*Geschichte, Zeit*
顶	dǐng	帽子，帐子	màozi, zhàngzi	*Mütze, Moskitonetz*
层	céng	楼，灰	lóu, huī	*Stock(werk), Asche*
碗	wǎn	饭	fàn	*Reis*
杯	bēi	茶，咖啡	chá, kāfēi	*Tee, Kaffee*
瓶	píng	啤酒，水	píjiǔ, shuǐ	*Bier, Wasser*
盒	hé	火柴，饼干	huǒchái, bǐnggān	*Streichholz, Keks*

Tabelle der häufigsten Zähleinheitswörter (Kollektive-ZEW)

ZEW	Pīnyīn	Chinesisch	Pīnyīn	Deutsch
副	fù	眼镜，手套	yǎnjìng, shǒutào	*Brille, Handschuhe*
对	duì	夫妻，枕头	fūqī, zhěntóu	*Ehepaar, Kissen*
双	shuāng	袜子，筷子	wàzi, kuàizi	*Socken, Essstäbchen*
群	qún	羊，人	yáng, rén	*Schaf(herde), Menschen(gruppe)*
批	pī	学生，书	xuésheng, shū	*Schüler:innen, Bücher*
堆	duī	垃圾，土	lājī, tǔ	*Müll, Erde*
套	tào	房子，设备	fángzi, shèbèi	*Wohnung, Ausrüstung*
串	chuàn	葡萄，珠子	pútao, zhūzi	*Trauben, Perlen*
束	shù	花	huā	*Blumen*

Tabelle der häufigsten Zähleinheitswörter (Verbale-ZEW)

ZEW	Pīnyīn	Chinesisch	Pīnyīn	Deutsch
趟	tàng	去，来	qù, lái	*gehen, kommen*
遍	biàn	看，写	kàn, xiě	*schauen, schreiben*
次	cì	去，参观	qù, cānguān	*gehen, besichtigen*
番	fān	研究，讨论	yánjiū, tǎolùn	*prüfen, diskutieren*
顿	dùn	打	dǎ	*schlagen*
下	xià	抬，看	tái, kàn	*heben, sehen*

Stichwortverzeichnis